MÉMOIRE
JUSTIFICATIF
DU GÉNÉRAL THÜRING.

A l'État, malgré vous, j'ai consacré mes jours,
Et, toujours envié, je servirai toujours.

VOLTAIRE, *trag de Rome sauvée.*

MÉMOIRE
JUSTIFICATIF
DU GÉNÉRAL THÜRING,

ADRESSÉ

AU PREMIER CONSUL
BONAPARTE.

15 NIVÔSE, AN IX DE LA RÉPUBLIQUE FRANÇAISE,

UNE ET INDIVISIBLE.

MÉMOIRE JUSTIFICATIF.

La révolution, dont le motif étoit sacré, mais qui, exagérée dans son but et dans sa marche, est devenue fameuse par des crimes et des ruines, a versé à pleines mains sur ma tête la coupe du malheur et de l'injustice. L'amour de la patrie, *le Patriotisme*, pour me servir d'une des expressions qui a coûté le plus de sang à la France, n'a été qu'un moyen d'intrigue, qu'un prétexte de proscription, chez la majeure partie des hommes célèbres par les personnages qu'ils ont joués, par les places qu'ils ont occupées depuis dix ans. Malheur à eux ! lorsque l'infortune est venue les visiter, ils n'ont eu dans leur ame rien à lui opposer.

Pour bien sentir ce que l'amour de la patrie a de charmes, il faut avoir été, comme moi, en butte à tous les genres de calomnie, à toutes les espèces de proscriptions. En effet, qu'opposera l'honnête homme au crime puissant qui proscrit; à la calomnie payée et protégée, qui noircit et dénature toutes ses actions; à l'inertie de la multitude foible, crédule et méchante? le témoignage seul de sa conscience qui lui crie: Toutes tes pensées, toutes tes actions ont été constamment dirigées vers le bien général, vers la prospérité publique; que mon suffrage te console de l'injustice, de l'ingratitude. Aristide et Caton, que tu n'égaleras jamais en vertu, ont comme toi été poursuivis par le crime; leurs services ont été payés par la proscription, par la mort même : en attendant justice de la postérité, ils ont opposé ma voix à celle des passions haineuses, et, tous les historiens te l'ont assuré, ces grands citoyens ont été plus heureux que ceux qui les ont proscrits. Imite ces exemples fameux, élève-toi à la hauteur de ces modèles augustes, et tu pourras défier l'injustice et la calomnie de tes contemporains.

L'égoïste dépravé par les jouissances d'une civilisation corrompue, trouvera le préambule de ma justification tragique et larmoyant; peu m'importe son opinion; ses éloges m'aviliroient : qu'il aille danser sur les cendres de ses amis et de ses proches; ce n'est pas pour lui que j'écris. J'écris pour me justifier aux yeux du Chef suprême du Gouvernement de mon pays, et auprès de cette ame forte et grande, l'indignation, l'exaltation même d'un officier général calomnié, n'exciteront point le rire et le mépris. Après le témoignage de mon cœur, c'est à son estime que je prétends. Si je l'obtiens, qu'ai-je à démêler avec les grands enfans qui jouent sur les ruines de leur Patrie, que les leçons du malheur, que les leçons d'une révolution de dix années, n'ont pu corriger de leur inconcevable insouciance, de leur extravagante légèreté ?

Oui, Bonaparte, c'est parce que toutes tes actions, toutes tes paroles te montrent à mes yeux comme le seul homme en état, par la double impulsion d'un cœur noble et d'un génie vaste, de sauver ma Patrie, que tu es mon héros, que ton estime est pour moi d'un prix infini : c'est parce que tu es le chef suprême du Gouvernement, que je dois attendre de toi, justice, lorsque mon innocence te sera démontrée; récompense, lorsque mes services bien constatés la sollicitent.

Si ma carrière militaire depuis dix ans me montre sous quelques rapports avantageux et honorables, c'est surtout sous celui de bon Français, amant passionné de la gloire de mon pays, de son bonheur et de son indépendance, et encore sous celui d'homme désintéressé jusqu'à l'insouciance. Eh bien, c'est sous ces deux rapports que la calomnie m'a attaqué. Au milieu des fureurs et des proscriptions de l'anarchie démagogique, j'ai été trois fois indiqué aux assassins déguisés sous le costume de juges, comme conspirateur: je n'ai échappé aux massacres de septembre 1792, qu'en marchant sur les cadavres palpitans de mes compagnons de prison : une fois les portes du tribunal révolutionnaire se sont ouvertes pour moi : en Fructidor an 5, les cases de Sinnamari m'ont été destinées. Quel a été le motif de ces persécutions ? ma haine contre les excès de la démocratie, mon attachement aux idées sages de liberté.

Sous le gouvernement de Bonaparte, les mêmes accusations ne pouvoient se reproduire. Mes ennemis, voulant me perdre, ont choisi une inculpation également invraisemblable, et ils ont été aveuglés par leur acharnement au point d'accuser d'avidité, d'extorsions ou de concussions, l'homme que tous ses frères d'armes nommeroient comme le plus désintéressé, j'ose le dire, que de leur vie ils aient connu. Ils savoient bien qu'ils n'étoient pas en état de prouver leurs allégations; mais, calomniateurs profonds, ils savoient qu'avant que je n'eusse détruit l'œuvre du mensonge, je serois abreuvé d'amertume.

Mes ennemis ont cru que le résultat de leurs manœuvres se borneroit à me dégoûter du service; ames de boue, ils ne pouvoient pas comprendre qu'un officier françois, digne de ce nom par sa loyauté et son attachement à l'honneur, ne souffroit jamais qu'il fût impunément inculpé. C'est moi qui ai sollicité ma mise en jugement. Le croira-t-on? j'ai eu beaucoup de peine à l'obtenir!

Le bien résulte quelquefois du mal, la lumière des ténèbres. Si je n'avois pas été inculpé, je n'aurois jamais osé présenter le tableau de mes malheurs et de mes services; j'aurois craint le reproche de vanité et de forfanterie. Maintenant qu'il a été dit de moi ce qui n'est pas, je suis en droit de dire ce qui est; et, si la vérité m'est honorable, mes calomniateurs m'auront fourni l'occasion rare de l'à-propos de mon panégyrique.

Tous les détails de ma justification viendront se rattacher à deux propositions simples.

Toute la carrière militaire du général Thüring, antérieurement au mois de Floréal de l'an 8, époque des inculpations dirigées contre lui, le montre sous les rapports de bon François et de bon officier.

Pendant toute la durée de son commandement sur la rive gauche du Rhin, en l'an 8, qui a servi de prétexte à la calomnie, loin de ternir sa réputation précédemment acquise, toutes ses actions continuent à la lui mériter de nouveau.

PREMIÈRE PARTIE.

Je suis né dans une famille consacrée à la profession des armes depuis plusieurs siècles. Elle jouissoit dans les régimens suisses au service de France d'une considération méritée. Enfant de troupe, j'ai parcouru tous les grades; j'étois officier lors de la révolution. De cette époque seulement je relaterai succinctement les actions qui peuvent m'honorer.

Le 15 Mars 1791, à Dunkerque, où je faisois partie de la garde nationale, quelques officiers des régimens Viennois et Colonel-général excitèrent au spectacle un tumulte alarmant. Ils vouloient s'opposer à ce que l'orchestre, dans l'entr'acte (on jouoit la Mort de César), exécutât l'air *ça ira*. Les deux partis s'arment, et paroissent altérés de sang. La guerre civile alloit commencer. Je me dévoue seul au repos et à la tranquillité publique : seul, je me présente aux plus mutins; j'arrête et je punis ceux qui me paroissent les plus dangereux. Seul, je parvins à calmer les esprits et à empêcher l'effusion du sang. Les magistrats de Dunkerque et les honnêtes gens consignèrent sur les registres l'expression de la reconnoissance publique pour cet acte de dévouement. Si, en 1791 et 92, la garde nationale avoit été composée d'hommes qui eussent puisé mon énergie dans l'amour de l'ordre, tous les crimes de la terreur auroient été épargnés.

A Saint-Omer, même année 1791, une émeute populaire, dont le but étoit d'égorger le vertueux chevalier de *Loredan*, accusé d'accaparement par les meneurs, remplissoit de consternation et la garde nationale et les magistrats du peuple. J'étois alors membre de la société populaire. Hommes exagérés; frondeurs de tous les partis, que cette dénomination n'excite point votre mépris ! les sociétés populaires ne sont devenues le repaire des brigands que parce que les honnêtes gens n'ont pas eu le courage vertueux de les en chasser. J'étois donc membre de la société populaire, mais j'avois pour collégues Carnot frères, Daunou, Porion, l'abbé de Torcy, Baert, et plusieurs autres également estimables. De la salle où nous étions réunis, j'entendois les cris de mort des cannibales. Je sors, je m'élance au milieu des séditieux. Quel spectacle ! un vieillard vénérable traîné par ses cheveux blancs, le visage déchiré, le sein en lambeaux ! Je me jette sur la victime qu'ils vouloient égorger ; je la couvre de mon corps; j'adresse aux cannibales les cris de l'humanité et de l'indignation. Mon courage réveille celui de plusieurs : avec leur secours je parviens à arracher le chevalier de *Loredan* aux mains de ses bourreaux ; je l'entraine à l'hôtel de ville, et là je fus reçu dans les bras de mes concitoyens attendris.

Vers le soir les séditieux s'ameutent derechef, environnent à grands cris l'hôtel de ville, et demandent que M. de Loredan leur soit livré. Accompagné seulement du citoyen Allant, secrétaire actuel de Carnot l'aîné, je me présente encore aux assassins. J'essaye encore sur eux le langage de l'humanité et des lois. Ma voix est étouffée par les vociférations de la rage; les assassins me saisissent et me *pendent* à un des crochets qui servoient à tenir les échelles des incendies. Je restai, à ce qu'on m'a raconté, un quart-d'heure dans cet état. Enfin Boubers, mon ami, chef de la garde nationale, arrive avec la force armée, dissipe les séditieux, et m'arrache à la mort. Une maladie longue fut la suite de cet événement.

Au mois d'Août 1792, à la formation des corps francs, j'entrai en qualité de lieutenant dans celui qui se formoit à Valenciennes. Le général Dumouriez me mit au nombre de ses aides-de-camps avec le grade de capitaine. J'ai rendu en Champagne des services qui ne s'effaceront jamais de la mémoire de mes frères d'armes, et j'ai la franchise de croire avoir puissamment contribué au succès de cette étonnante campagne.

Envoyé à la fin d'Août en mission auprès du conseil exécutif, je fus incarcéré à la Force comme ayant combattu au dix Août avec les Suisses. Dans la matinée du 3 Septembre, je restai plusieurs heures confondu avec les cadavres de cette épouvantable boucherie. Je ne dus la vie qu'à une fruitière de la rue des Ballets qui connoissoit Santerre. Le premier usage que je fis de mes sens, fut de sauver la vie à quelques malheureux compagnons de captivité, des noms desquels je me souvenois. De ce nombre furent Leudy, sergent de la compagnie colonelle aux gardes-suisses; Lagarennes, homme de loi, et Din, aussi sergent aux gardes-suisses, maintenant capitaine à la troisième demi-brigade helvétique, en garnison à Strasbourg. Ce fut M. Benoît le Pelletier, dit Volmeranges, homme de lettres, auteur de plusieurs ouvrages estimés, qui me recueillit à un quatrième étage.

Le quatrième jour après cette catastrophe, je partis de Paris pour rejoindre l'armée de Dumouriez. Ce général, dont j'estime les talens militaires et les connoissances profondes en diplomatie, sans rien préjuger sur le délit flétrissant de trahison qui lui est imputé, m'accueillit avec distinction. Dès lors je pris une part active au reste des événemens qui accompagnèrent les opérations de la campagne. Le succès de l'aile gauche de l'armée, à la bataille de Gemmapes, me fut généralement attribué. Sur la demande du général Rosières, Dumouriez me nomma lieutenant-colonel du Génie belge.

En cette qualité, le conseil exécutif m'envoya à la Haye, pour me concerter avec notre ambassadeur en Hollande, le ci-devant comte de Maulde. Ma mission étoit de rédiger, d'après des observations faites sur les lieux et des renseignemens certains, un rapport politique et militaire sur la situation présente des Provinces-unies. Je ne me contentai pas de travailler avec soin à la confection de ce rapport difficile; je levai, à la hâte, le plan exact des places importantes de ce pays. Le conseil exécutif et Dumouriez me témoignèrent leur satisfaction de la manière la plus distinguée; le grade d'adjudant-général fut la récompense de ce qu'ils voulurent bien appeler mes talens. Ce fut à la suite de ce rapport que la guerre fut déclarée à la Hollande.

Le siége de Mæstricht paroissoit une opération de la plus grande importance. Le général Miranda en étoit chargé; je fus employé près de lui. Je dois le dire ici, parce que la vérité aura toujours mon premier hommage, Miranda fut accusé de trahison relativement au bombardement de cette place: eh bien, il étoit innocent; il servoit la France avec zèle et talent. Au reste, ce qui démontre l'innocence de ce général, c'est que le tribunal révolutionnaire lui-même fut forcé de la reconnoître.

La retraite, ou plutôt la défaite de nos armées, du côté d'Aix-la-chapelle, força à lever le siége de Mæstricht. La confiance dont j'étois honoré, me chargea de cette périlleuse opération. Tous les rapports faits alors au Ministre de la guerre attesteront que l'ordre que j'ai su maintenir excita les éloges de l'armée. Aucun des objets appartenans à la République ne fut perdu; j'ai préferé laisser à l'ennemi six de mes chevaux à l'abbaye de Hocht, pour ne m'occuper que de la conservation des bagages et équipages de siége.

Quoiqu'envoyé par Dumouriez qu'il n'aimoit point, je sus orcer l'affection de Miranda. Ce général étoit dur et repoussant; il ne recevoit de conseils de personne : je parvins cependant à lui faire adopter quelques plans dont il s'est bien trouvé. Miranda a été proscrit; il l'est encore : c'est pour ma franchise un motif de plus pour déclarer qu'à mes yeux il est un de nos meilleurs généraux et un des hommes les plus éclairés de ce siècle. L'officier françois, souvent léger et superficiel, l'a jugé sur ses manières; moi, je l'ai jugé sur ses actions, sur les plans sages qu'il avoit concertés et que des rivalités malheureuses l'ont empêché de mettre à exécution. Je ne veux point prononcer sur l'animosité trop funeste qui a éclaté entre Miranda et le général Valence; j'ai appris sur le champ de bataille à les honorer tous deux : tous deux aimoient la France, la liberté; tous deux ont bien servi cette cause sacrée; et ils l'ont fait dans un temps de division, dans un temps où le dévouement exclusif à la chose publique, au mépris des partis et des factions, étoit plus recommandable parce qu'il étoit plus difficile et plus rare. Alors la France n'étoit pas gouvernée par l'homme extraordinaire qui a su réunir tous les partis.

Tous les officiers qui ont fait les campagnes de la Belgique connoissent la célèbre affaire de Monche; j'ose m'en attribuer la plus grande gloire. Miranda et Valence, toujours en conflit sur le commandement, laissèrent cerner par l'ennemi le respectable général Ihler, sur les hauteurs de Hognoul, avec 27 bataillons et quelques escadrons de cavalerie, chasseurs et hussards. D'une voix unanime je fus chargé de dégager le général Ihler et sa troupe; ne consultant que la valeur et mon heureuse étoile, accompagné seulement de 36 chasseurs et hussards, de deux ordonnances du 6.e de dragons, dont l'un, nommé Jobert, actuellement officier, a été dangereusement blessé à la bataille de Marengo; accompagné, dis-je, de cette petite escorte et d'un officier d'état-major, Tissenbacher, je force l'ennemi dans le village de Monche. Bientôt j'eus à soutenir l'attaque de quatre escadrons de dragons de Cobourg et Latour; j'y perdis 29 hommes, l'adjoint Tissenbacher fut pris. Un coup de sabre m'avoit ouvert le crâne. Ne voyant devant moi que ma patrie et la gloire, je continue à combattre, et, traversant les escadrons ennemis, j'arrive enfin au général Ihler; je lui communique le plan concerté pour le délivrer. Le plan eut un succès complet. Je restai à cheval jusqu'au soir, et ne pensai à ma blessure que lorsque le danger de mes frères d'armes fut passé.

A l'affaire du 18 Mars, l'inexpérience d'un chef de bataillon et la retraite trop précipitée du général Miaczinski répandirent dans toute l'aile gauche une terreur *panique*, et, malgré les succès obtenus au commencement de l'action, menacèrent d'une défaite générale : j'eus la gloire de rallier les fuyards, de rétablir l'ordre de bataille ; le combat recommença, et nous couchâmes vainqueurs sur le champ de bataille. J'ai de cette action un illustre témoin, le général en chef Moreau. Il commandoit alors le 2.e bataillon d'Ille et Vilaine ; il contribua puissamment au succès de cette journée.

Obligé de soigner une blessure dangereuse par elle-même, plus dangereuse encore par l'oubli de soins que mon ardeur et mon courage m'avoient commandé, je me retirai à Lille, d'aprés l'invitation et l'ordre même de mes chefs. Dès-lors je ne pris plus de part aux opérations militaires de la Belgique. Le ministre de la guerre, Beurnonville, qui étoit venu à Lille, m'ordonna de retourner à mon poste. Quoique malade, j'obéis. Mon général, Dumouriez, touché de mon état vraiment alarmant, m'accorda la permission de me faire guérir et de rester en repos jusqu'à ce que ma santé fût entièrement rétablie.

Au lieu de profiter de cette permission de mon chef, je cours à Paris, où des dénonciations de complicité avec Dumouriez me faisoient un devoir de me rendre. Le tribunal révolutionnaire et ses proscriptions ne purent m'arrêter ; j'ai toujours été, j'irai toujours, au-devant de mes calomniateurs. Mon honneur d'abord, ma vie ensuite : telle a toujours été, telle sera toujours ma devise.

Un décret de la Convention, en date du 5 Avril 1793, me livra au tribunal révolutionnaire. Fort de la pureté de mes affections pour mon général, Dumouriez ; persuadé que je n'avois vu en lui que ses talens et ses louables projets, que je n'avois pris part qu'à sa gloire et à la défense de mon pays, je me présentai devant ce tribunal, d'épouvantable mémoire, avec une sécurité qui déconcerta mes bourreaux. Mon innocence leur parut écrite en si grands caractères que, malgré leur soif du sang, ils furent contraints de la proclamer, et de me renvoyer à mon grade et à mes fonctions par jugement du 21 Mai, même année.

Échappé à l'échafaud, je ne prends aucun séjour à Paris; je vole où les périls et mon devoir m'appeloient. Le respectable général Desbrulys est arrêté comme *suspect.* L'estime de mes chefs me charge des fonctions de chef de l'état-major général. Bientôt après je fus attaché à la division du général Ihler, au camp de Heck, dans la forêt de Mormal, et je succédai à l'adjudant-général Saint-Martin, que, malgré sa bravoure, son dévouement et ses talens, les dénonciateurs démagogues avoient frappé de suspicion. Le 1.er Septembre, je fus blessé légèrement dans une reconnoissance. Mais le 12 du même mois, à la tête de la colonne de gauche, sautant dans les ouvrages de l'ennemi qui furent emportés à la baïonnette, je reçus trois coups de feu dont chacun parut mortel : un dans le bras droit, à travers le *biceps;* il coupa l'artère brachiale: le second dans la poitrine; la balle, pénétrant entre la dernière des vraies côtes et la première des fausses, entra si avant que l'extraction ne put en être faite: le troisième coup me perça le flanc. Je fus emporté comme mort dans une couverture.

Tandis que je donnois mon sang et ma vie à la défense de mon pays, le Conseil exécutif provisoire osa bien me suspendre de mes fonctions comme noble. J'avois passé par tous les grades, comme étranger; j'étois depuis ma naissance au service de France. Je fis parler mon sang, qui couloit encore; je fis parler la loi : les brigands, qui étoient momentanément révêtus du pouvoir, étouffèrent ma foible voix et me jetèrent mourant dans les cachots de la conciergerie, l'antichambre de l'échafaud. Eh bien, je l'ai dit en commençant ce précis, je trouvois dans le témoignage intime de ma conscience, qui me crioit, tu as bien servi ta patrie, des consolations qui écartèrent jusqu'au murmure.

Carnot, qui dernièrement m'a abandonné aux poignards de la calomnie, me tendit alors une main généreuse. Il me fit rendre à la liberté et me fit nommer au commandement de Ham, en me conseillant prudemment d'attendre, pour réclamer les récompenses par moi si bien méritées, que le temps de la justice fût venu. Je suivis ce conseil, et je m'enveloppai à Ham dans le silence et l'obscurité. L'abandon de Carnot ne me fera jamais oublier que je lui dois la vie.

Lors du supplice de Robespierre et de ses satellites, le général Pichegru, qui ne me connoissoit que de réputation, me fit l'honorable invitation de venir partager ses travaux et sa gloire. Mon estime bien sentie pour ce grand capitaine, que sa proscription n'effacera jamais, me fit regretter bien vivement de ne pouvoir me rendre près de lui. Ma santé ne me permettant un service très-actif, j'acceptai l'inspection et le commandement des côtes, et j'allai me fixer à Boulogne sur mer.

Envoyé ensuite à Paris, en Floréal de l'an 3, pour y remplir une mission importante, je me trouvai à la Convention le trop célèbre jour du 1.er Prairial. En traversant le Carrousel, j'aperçois un représentant du peuple, terrassé, maltraité par les anarchistes de 1793. J'accours, sabre nu, pour le protéger. Je tombe sous mille coups : je me relève, et je continue à défendre le représentant Henri Larivière. J'eus le bonheur de le sauver de la fureur des démagogues. Satisfait d'avoir donné à la représentation nationale cette marque de dévouement, je me dérobai aux remercîmens de l'homme estimable qui croyoit me devoir la vie. Long-temps Henri Larivière a ignoré quel étoit l'officier qui l'avoit si courageusement défendu.

J'ai été du nombre de ceux qui, à dix heures et un quart, pénétrèrent dans l'enceinte de la Convention, pour la délivrer de la horde de ses assassins.

Le 4 Messidor suivant, je fus nommé général de brigade, et employé à l'armée du Rhin. Je commandois alors la 9.e division militaire ; mon quartier-général étoit à Chartres. Il me fallut attendre qu'un successeur m'eût été donné dans ce commandement. Le général Brune, qui m'avoit été annoncé, n'arriva pas.

Alors la République fut agitée par les assemblées primaires, convoquées pour l'acceptation de l'acte constitutionnel. Fort de l'estime générale, et de l'audace que je savois déployer à propos, j'ai maintenu l'ordre jusqu'au dernier jour. Le général Romanet, accompagné de l'adjudant général Lacroix, arriva enfin pour me remplacer. Ce jour-là, une émeute sérieuse éclata. J'avois remis le commandement, j'allois quitter Chartres. Le représentant *Tellier* écrivit au comité de salut public pour obtenir qu'il me laissât dans ce pays très-agité, et où l'ordre ne pouvoit être, disoit ce représentant, maintenu que par moi. Le comité me força de rester jusqu'à nouvel ordre. Tellier étoit à la maison commune. Effrayé des clameurs du peuple, ou cédant à la force, il rendit un arrêté portant que le pain seroit délivré à trois sous la livre. Je pénètre jusqu'au représentant, qui avoit entièrement perdu la tête. Je le ramène dans son appartement : là, pour se rassurer en apparence, il me force à y passer la nuit avec lui ; mais ce malheureux, profitant d'un moment de sommeil dans lequel la fatigue m'avoit jeté, se brûla la cervelle d'un coup de pistolet. Quelques heures après je partis pour Paris, et je portai moi-même aux comités de gouvernement les lettres que Tellier avoit écrites avant sa mort, et qu'il avoit destinées à être rendues publiques. La Convention décréta que *j'avois bien mérité de la Patrie.*

De suite je me rendis à Lille, où un ordre du général Moreau m'appeloit, pour, sous les ordres du général Landremont, prendre le commandement de trois places, Ypres, Menin et Courtray.

Le 13 vendémiaire arrive. Je suis destitué le 15, pour ne m'être pas rendu à mon poste. Abreuvé de dégoûts et d'injustices, je ne fis plus aucune démarche pour obtenir du service.

Peu de temps avant le 18 fructidor, Carnot me proposa au Directoire pour remplir près d'une cour étrangère les fonctions d'envoyé du Gouvernement françois. Je me rendis à Paris. Là, les sentimens qui honorent le plus l'humanité, la reconnoissance et l'estime, me méritèrent une proscription. J'avois à Carnot des obligations que je ne pouvois payer qu'au prix de mon sang ; la réputation méritée du général Pichegru me faisoit attacher un grand prix à son amitié ; Henri Larivière, qui connoissoit enfin celui qu'il appeloit son sauveur, me prodiguoit les plus doux témoignages d'attachement ; j'avois connu Barthélemy à Londres, et j'avois partagé l'estime que la nation anglaise lui a témoignée : telles étoient, avant le 18 fructidor, mes liaisons en personnages célèbres et alors puissans ; tels étoient les motifs qui avoient amené ces honorables liaisons. Je suis fier d'avoir été proscrit pour de pareilles liaisons. C'étoit dans les hommes de cette trempe que brûloit encore le feu sacré de la vertu, des intentions pures, du véritable patriotisme. Ces hommes illustres, chacun dans leur genre, m'inspiroient un dévouement sans bornes. Tel est mon caractère : je ne sais point aimer foiblement. Lorsque leur proscription arriva, si j'avois su chanter la palinodie, flatter les triumvirs, applaudir à leurs fureurs, insulter à leurs victimes, couvrir du mépris et de la haine ceux qui m'avoient inspiré des sentimens si opposés, peut-être aurois-je échappé aux vengeances, peut-être même aurois-je fixé la protection et les faveurs directoriales; mais, faisant fort peu de cas de la vie, de l'argent, du pouvoir, lorsqu'ils se trouvent en opposition avec l'honneur, l'estime et les affections tendres, je témoignai, le lendemain du 18 Fructidor, mon opinion honorable sur les proscrits avec plus d'énergie encore qu'avant cette honteuse journée.

Au reste, dans les idées des triumvirs j'avois bien mérité ma proscription; j'avois pris la part la plus active dans la conspiration de la vertu et des talens contre la médiocrité puissante et l'anarchie. Mon dévouement pour le parti qui a succombé étoit si bien connu, que dans la nuit du 17 au 18 Fructidor, le commandement de l'intérieur des Tuileries et de la Garde du Corps législatif m'avoit été offert. J'aurai, toute ma vie, un vif regret de ne l'avoir pas accepté. J'ai l'amour propre de croire que le commandement ne m'auroit été arraché qu'avec la vie, et que, parmi mes soldats et mes subordonnés de tout grade, le premier traître auroit péri de ma main. Si j'ai refusé ce commandement, tous ceux qui m'ont connu, ceux même qui ne me connoîtront que par mon mémoire justificatif, ne me feront pas l'injure de penser que j'aie pu compter parmi les motifs de mon refus la crainte des dangers à partager. Le seul motif fut ma répugnance à prendre la place d'un autre. J'avoue que si j'avois pu prévoir sa couardise, je n'aurois pas eu le même scrupule.

J'étois encore coupable de conspiration, parce que j'étois co-propriétaire du journal l'*Argus*, et auteur des articles les plus vigoureux qui s'y trouvoient. J'étois encore coupable de la conspiration, puisque j'avois passé toute la nuit avec les représentans inspecteurs de la salle, et qu'il fallut tout l'ascendant que le général Pichegru exerçoit sur moi pour me décider à les quitter et m'empêcher de partager leur sort. Je ne m'y décidai que dans l'espoir de réunir quelques braves, et de les arracher, par leur secours, aux fers et aux cachots du Directoire. Cet espoir n'auroit pas été déçu si ceux qui avoient promis leurs bras et leurs armes se fussent trouvés au rendez-vous indiqué, à la section du Mont-blanc. Les lâches! ils l'avoient juré; les baïonnettes des triumvirs les ont effrayés. Je n'ai rien négligé pour répandre l'indignation contre le parti qui a triomphé; j'écrivis à plusieurs députés pour les faire revenir au courage et à l'honneur. Dewink-thierry, maintenant conseiller d'état, peut avoir dans les mains une lettre de moi à ce sujet.

Je ne puis me refuser à apprendre à ceux qui me liront par quels moyens j'ai échappé aux sbirres de la police, aux satellites armés des tyrans. Cette évasion est aussi originale qu'extraordinaire. Il étoit 8 heures du matin quand, pour obéir à Pichegru, je me séparai de lui et de ses illustres compagnons. En sortant de la salle des inspecteurs, j'étois revêtu de l'uniforme de mon grade. L'adjudant-général Collin me prit pour un partisan du Directoire: il me parla longuement de la victoire des *Patriotes* sur les royalistes; me prit sans façon par le bras, et, toujours discourant, il descendit avec moi l'escalier du pavillon. Un nommé Bionnier, fils du maçon du temple, adjoint de l'adjudant-général Gillet, me connoissoit; dès qu'il m'aperçut sur l'escalier, il se mit à crier: arrêtez ce Général, arrêtez. Collin, ne sachant lequel, remonta: moi, qui n'avois pas besoin d'interprétation sur le général qu'il falloit arrêter, je courus à travers les satellites du Directoire, jusques à la rue de l'Échelle. Là, je changeai d'habits. Je fis porter mon uniforme chez Boulet, machiniste de l'opéra, boulevard Montmartre N.° 1045. Ici, je repris mon costume de général, et je me transportai à la section du Mont-blanc, où devoient se trouver réunis environ quinze à dix-huit cents hommes. Quel fut mon étonnement lorsque je n'y vis rassemblés que sept à huit officiers! Le courage de ces braves, leur dévouement à la cause des principes, ne s'effaceront jamais de ma mémoire. Je leur ai voué mon estime de toute la vie.

Désespéré de ne pouvoir arracher à la proscription les

fidèles mandataires du peuple, je fus me joindre aux députés rassemblés chez André de la Lozère, rue neuve du Luxembourg. Deux cent trente membres des deux Conseils s'y trouvèrent réunis. Jourdan des Bouches du Rhône y rédigea un acte de protestation. Ils parlèrent d'un appel à leurs commettans; de la mise hors la loi des triumvirs : mais les uns objectèrent l'impossibilité d'une proclamation; les autres la crainte d'une guerre civile, l'effusion du sang. Alors tous n'eurent qu'une opinion; ce cri fut unanime : *plutôt périr que de causer des déchiremens à la France !* Triumvirs déhontés, étoient-ils de mauvais Français, ceux qui raisonnoient et agissoient ainsi? Cette assemblée, rassurante par le nombre, ne prit aucune détermination.

Pendant cette indécision des bons citoyens, les tyrans poursuivoient avec force le développement de leur plan de proscription. Le commissaire de police Comminges, accompagné de quelques cavaliers, faisoit une descente chez Lafond-Ladebat. Je propose un moyen de le sauver, ainsi que les députés des Anciens réunis chez lui. Mon projet alloit être adopté, lorsqu'un émissaire fidèle vint nous avertir que le ministre Sotin, d'exécrable mémoire, faisoit des dispositions pour entourer par la force armée le lieu de notre réunion. A cette nouvelle chacun s'échappe de son côté sans rien décider; seulement on convint de se réunir partout où l'on pourroit.

Pour moi, honteux de la foiblesse de tous ces députés, je les quittois, après avoir serré dans mes bras et mouillé de mes larmes l'ancien lieutenant-général des armées Murinais, dont les cheveux blancs, les vertus, et surtout le courage, excitoient ma vénération. Je repris l'habit bourgeois, que, par précaution, j'avois laissé chez madame Bernard, épouse d'un agent de change de Lyon, rue Bergère. De là je m'acheminois vers ma demeure, rue Faubourg poissonnière, n.° 12. J'entre avec sécurité, ignorant que le commissaire de police de la section y étoit avec tous ses sbirres, et que toutes les avenues étoient occupées par la force armée. C'étoit fait de moi si la présence d'esprit m'avoit abandonné. Tandis qu'un de mes amis, ancien aide-de-camp de Félix Wimpffen, Labarberie de Saint-Front, et ma mère, que les satellites trouvèrent chez moi, versoient à pleins verres le vin et la liqueur, pour recevoir dignement une visite aussi aimable, j'apperçois qu'il y a pour moi un égal danger, soit que j'entre dans mon appartement, soit que je veuille sortir de la cour. Sur-le-champ je prends mon parti; ce fut celui de la ruse. Je me présente avec assurance à l'un des inspecteurs de police, et, prenant un air mystérieux, je lui dis : *je sais qui vous cherchez ; c'est le général Thüring, n'est-ce pas ? eh bien, il n'y a pas dix minutes qu'il étoit dans une maison d'où je sors; si vous me donnez votre parole d'honneur de ne pas me compromettre, et d'employer des moyens décens pour vous en emparer, je vous y mènerai.* Le mouchard inspecteur ne se sent pas de joie; il m'accable de remercîmens, de promesses de récompense, et me jure sur *son honneur* que ma volonté et mes intentions seront par lui respectées. Alors, suivi de l'inspecteur et de deux de ses agens, je les conduis à la maison qui devoit recéler le général Thüring. Je place mes argus incommodes en embuscade à la porte de madame Bernard, et je leur promets que sous deux minutes je vais faire descendre le conspirateur. Aussitôt je monte à l'appartement de cette dame, je prends mes papiers et neuf francs qu'elle avoit seulement; je redescends l'escalier quatre à quatre, et je dis à mes trois mouchards : *garde à vous; voilà qu'il vient.* Moi, de tourner le coin de la rue. Je gagnai la maison de Rada, loueur de carosses, rue neuve des Mathurins. Cet homme me cacha quatre jours.

Le cinquième jour au matin, sachant que la police me suivoit dans ce quartier, je quittai la maison de Rada, et je me réfugiai rue Vivienne n.° 33, chez le citoyen Cantin, négociant d'Avignon, qui, à la nuit, me fit mener rue de la Ville-l'évêque, chez Colson, menuisier, qui m'accueillit avec un intérêt que je n'oublierai jamais. Les recherches de la police s'étendirent encore dans ce quartier. Craignant de compromettre cette honnête famille, je les remerciai et les quittai le lendemain. Pendant plusieurs jours je changeai de gîte chaque nuit. Cantin me procura de l'argent, Rada un cheval et un cabriolet, et un ami, une carte d'entrée du directoire. Je sortis de Paris; je terminai à Laon quelques affaires d'intérêt.

Comme si la fortune ne m'eût pas assez accablé par la proscription, elle me réservoit encore une ruine totale, et toujours par des motifs qui faisoient honneur à ma délicatesse et à ma sensibilité. Mes sentimens de reconnoissance, d'amitié, d'estime, de dévouement pour des personnages qui devoient les inspirer, avoient amené ma proscription : ma bonté pour un homme malheureux qui portoit mon nom et qui se disoit mon parent, mes largesses pour cette famille indigente, et, par suite de mes bienfaits, un abandon de confiance dans cet homme faux et déloyal, ont achevé ma ruine.

Voici le fait. De Laon je me réfugiai à Amiens. Là je fis rencontre d'un homme portant mon nom, au moins quant à la prononciation, et se disant mon parent. Sans examiner beaucoup la parenté dont il se faisoit un titre à ma bienveillance, je vis seulement qu'il étoit, avec quatre enfans, dans la plus profonde misère. Je vins à leur secours; ils me témoignèrent leur reconnoissance d'une manière qui me parut franche et sincère. Je m'attachai à eux par mes bienfaits, et bientôt mon prétendu parent obtint toute ma confiance. Ici commence le manège perfide de cet homme faux. Sous le prétexte de la reconnoissance et du dévouement à mes intérêts, il me fait naître des inquiétudes sur le séquestre de mes biens, et me donne le conseil de faire à une personne sûre une vente simulée; s'offre lui-même comme prête-nom utile. Dans presque toutes nos actions les plus importantes nous jugeons toujours les autres par nous-mêmes : voilà ce qui donne aux fripons, en méfiance et en astuce, une supériorité décidée sur les honnêtes gens. Etranger à la fraude, je crus que mon protégé en étoit incapable. Je lui fis en bonne forme une vente de tous mes biens-fonds, et je ne pris d'autre garantie qu'une contre-lettre.

Peu de temps après cet acte de vente simulé, les acquéreurs ostensibles vinrent s'établir dans un de mes biens en Champagne, lequel faisoit partie de la vente. Ma confiance n'étoit point altérée; j'eus la bonhommie de faire construire sur ce fonds une usine dont je confiai la conduite à mon prétendu parent. Sa conduite, pendant les six premiers mois, fut à l'abri de tout reproche : l'établissement prospéroit, et je me promettois de trouver mon avantage et mon existence assurée dans un travail qui enrichissoit également cette malheureuse famille.

L'illusion de mon cœur aimant ne fut pas de longue durée. Un jour, je revenois de Rheims où j'avois passé une semaine, j'apprends que mes honnêtes parens se disoient propriétaires de l'usine et du bien environnant. Je ne tins pas compte de ces bruits : mais je fus enfin obligé d'ouvrir les yeux ; j'eus la conviction de la plus noire perfidie. Ayant à chercher des papiers dans mon secrétaire, je remarquai, en voulant l'ouvrir, que la serrure en avoit été forcée. Frappé comme d'un coup de foudre, j'ouvre le tiroir qui renfermoit les pièces les plus essentielles : la contre-lettre, ma seule garantie contre la vente simulée, ne s'y trouve plus ; elle en avoit été soustraite avec deux lettres de l'étranger, venant d'une personne de marque à qui j'avois été assez heureux pour rendre des services signalés. La publicité de ces deux lettres pouvoit me causer de grands malheurs : mes spoliateurs le savoient ; ils en avoient fait une arme terrible contre leur bienfaiteur dupé. Les deux lettres devinrent le prix de mon silence et de l'abandon de mes propriétés.

Les scélérats demeurèrent ainsi, par le crime le plus odieux, par un abus monstrueux de confiance, paisibles possesseurs de mes biens. Dénué de tout, n'ayant plus aucun moyen d'existence, je formai la résolution désespérée de me livrer à la discrétion de mes ennemis, du Directoire. Dans ce dessein je me rendis à Paris. La scène commençoit à changer ; le mécontentement général de tous les hommes éclairés, de tous ceux qui aimoient leur malheureux pays, commençoit à éclater : je changeai d'avis et je résolus d'attendre la crise. Le général Lefebvre, mon parent, parla de moi au directeur Merlin. Celui-ci, outre mon délit de conspiration contre la tyrannie directoriale, avoit encore à me reprocher quelques vers mordans que j'avois faits contre lui dans le temps, et qui produisirent un grand effet, l'indignation et le mépris ; il répondit au brave Lefebvre, qu'il ne savoit pas comment il osoit lui parler en faveur de l'ennemi le plus acharné des directeurs, du plus forcené et du plus adroit des conspirateurs fructidoriens. Ce Merlin est vindicatif ; il ne pardonne jamais. Qu'il est heureux que ses nombreuses victimes aient la générosité de pardonner ! autrement comment échapperoit-il à tant de vengeances si bien motivées ? J'ai lu une lettre de Merlin à Lesage-Senault : il y distille tout son fiel contre moi ; mais, malgré la grande réputation de son trop FAMEUX auteur, je ne crains pas d'affirmer que cette lettre est un chef-d'œuvre de BÊTISE.

Enfin arriva l'incomplète journée du 30 Prairial. Merlin et Treilhard furent chassés de leurs trônes; le sort en fit descendre Rewbel. Les jacobins qui, pour arriver à leur but, se servoient de leurs plus grands ennemis, s'attachèrent à mes pas : ils vouloient m'engager à renverser le Directoire; les offres les plus brillantes me furent prodiguées. Ma réponse fut : je ne veux pas renverser un gouvernement qui proscrit, pour élever en sa place un gouvernement qui dresse des échafauds; je n'aiderai à renverser le Directoire que pour le remplacer par un gouvernement juste et sage. Les jacobins se retirèrent en menaçant.

Cependant le Directoire renouvelé suivoit la politique ténébreuse et incohérente de ses prédécesseurs. La guerre se continuoit; nos armées éprouvoient des échecs. Bernadotte arrive au ministère de la guerre. Les généraux Lefebvre, Müller, Canclaux et Jourdan renouvellent auprès de lui leurs instances pour faire employer les officiers-généraux en état de rendre à nos armes la gloire qu'elles avoient perdue, sans examiner leurs opinions. Le ministre, honnête homme, et voulant sincèrement le bien, adopte ces considérations; le 26 Thermidor de l'an 7, il fait prendre un arrêté au Directoire, par lequel je suis remis en activité et employé à l'armée du Rhin, commandée par Léonard Müller.

Homme bon et loyal qui me lirez, vous croyez peut-être, que justice m'est enfin rendue, et qu'il va m'être permis de chercher dans de nouveaux services la récompense des services précédemment rendus à mon pays. Vous vous trompez, et si je n'avois pas trouvé noblesse d'ame, franchise et loyauté dans le général Bernadotte, ministre de la guerre, la calomnie m'auroit encore écarté du commandement.

Mes lettres de service étoient signées, j'avois touché mon indemnité de route. Par devoir et par reconnoissance je me présente à l'audience du ministre pour prendre congé de lui et le remercier de sa bienveillance. Un député de Toulouse, ex-adjudant-général, nommé Porte, vient à moi, m'embrasse, me complimente, et pendant que, distrait par les félicitations de plusieurs camarades, je perds de vue mon flatteur, il glisse une note au ministre. Dans cet écrit il m'accuse de royalisme, de trahison. Que la conduite de Bernadotte fut belle en cette occasion! Je n'y penserai jamais sans sentir mes yeux mouillés des larmes de la reconnoissance.

Si le ministre eût agi comme la plupart des hommes puissans, il pouvoit donner foi à l'accusateur, condamner l'accusé sans l'entendre. Il communique cette note infâme au général Lefebvre. Boucher-Saint-Sauveur étoit présent; il avoit été témoin des caresses perfides de mon dénonciateur Porte. Indigné de la fausseté de son collégue, il prend chaudement ma défense auprès du ministre; cependant il ne me connoissoit que de vue. Bernadotte, éprouvant par-dessus tout le besoin d'être juste, m'écrit de venir m'expliquer avec lui. Je m'y rends avec empressement: les paroles qu'il m'adressa me sont encore présentes.

„ Général, me dit ce ministre honnête homme, il s'est „ élevé sur votre compte des plaintes graves. On m'assure „ que vous êtes royaliste. J'ai trop bonne opinion d'un brave „ militaire qui, en combattant pour la liberté de son pays, „ a reçu d'honorables blessures, pour croire légèrement à des „ dénonciations. Les opinions sont libres; je ne vous blâme- „ rois pas d'être royaliste: mais je m'indignerois si, l'étant réel- „ lement, vous serviez une cause que vos principes réprou- „ vent; ce seroit à mes yeux une lâcheté; et malgré ce que „ j'ai fait pour vous, malgré mon estime pour Lefebvre dont „ vous êtes le parent, je me verrois forcé de demander au „ Directoire votre suspension. Parlez-moi à cœur ouvert ".

Ma réponse satisfit complétement le Ministre. „ Allez, „ continua-t-il, partez dès-aujourd'hui, et prouvez par vos „ faits d'armes que vous êtes toujours digne de la cause que „ vous allez défendre, et que vos ennemis m'en ont imposé ".

O Bernadotte, reçois de ton camarade, de ton meilleur ami, le tribut d'estime, d'admiration, qu'il doit à ton cœur, à ta loyauté. Puissent ceux qui te succéderont dans le ministère imiter ton exemple, écouter l'accusé avant de le juger, avant de le condamner! Hélas! si Carnot eût voulu t'imiter, je ne serois point condamné à l'inaction; je n'aurois pas besoin de faire reconnoître mon innocence par un conseil de guerre. Cependant Carnot fut mon bienfaiteur, je lui ai dû la vie: la puissance a donc un charme enivrant, qui trouble les meilleures têtes et engourdit les cœurs les plus nobles! Dans toutes les circonstances, je jure de sacrifier ma vie pour la conservation de la tienne, et de ne t'oublier jamais. Ceux qui me connoissent savent si je suis fidèle à la reconnoissance et à l'amitié; ne dédaigne pas mon estime, et conserve-moi la tienne, je la mériterai toujours.

Je joignis le général en chef Müller, le 13 Fructidor. J'en fus accueilli avec distinction. Le 16, il m'envoya à la division Leval, qui faisoit alors le blocus de la forteresse de Philipsbourg. Le 19, en poussant une reconnoissance sur Bruchsal, je parvins à en chasser l'ennemi, supérieur en forces; je lui fis beaucoup de prisonniers : le général comte de Fresnelle faillit être pris; il fut démonté, et je m'emparai moi-même de son cheval. J'eus le bonheur de ne pas perdre un seul homme des miens.

Le 22, je reçus l'ordre de pousser une forte reconnoissance sur Dourlach, tandis que le général d'Hautpoul en dirigeroit une sur Bretten. Deux escadrons du 3.e de hussards, un de carabiniers, un du 23.e de cavalerie, une demi-batterie d'artillerie légère et quatre bataillons d'infanterie, formoient toutes les forces du corps que je commandois. Je chassai l'ennemi de Weingarten et de sa position sur la Pfintz, qu'il occupoit avec quinze à dix-huit cents chevaux. Sans la précipitation, louable sans doute par le motif, de l'adjudant-général Fontaine et de son adjoint Laval, qui engagèrent trop tôt le combat, mes manœuvres étoient faites avec tant de précision, d'audace et d'intelligence, que tout le corps du comte de Fresnelle auroit été enveloppé; partie de mon infanterie avoit déjà franchi la rivière et dépassé la droite de l'ennemi, qui, engagé dans des défilés, n'auroit pu m'échapper. Mais il fallut renoncer à cet avantage brillant, pour tirer d'embarras l'imprudente avant-garde conduite par des chefs trop ardens. Sans cela elle auroit été coupée. Je pris beaucoup de chevaux, et entr'autres celui du général Starray, qui étoit venu coucher à Dourlach dans l'intention d'exécuter le coup hardi que je venois de faire avec un succès qui avoit passé mes espérances.

C'est dans cette utile reconnoissance, qui, j'ose l'affirmer, sauva l'armée du Rhin d'une perte certaine, que j'appris que le prince Charles n'étoit plus qu'à un jour de marche de Dourlach, avec l'armée qu'il amenoit de la Suisse pour nous arracher Philipsbourg. Cette forteresse, déjà la proie des flammes par l'effet de notre bombardement, alloit tomber en nos mains. Ne pouvant rien hasarder avec des forces si inégales, je voulus au moins observer l'ennemi, et je fis bivouaquer mon corps dans la position indiquée plus haut sur la Pfintz. Mon rapport détermina le général en chef à ordonner la retraite de l'armée dans la nuit du 23 au 24. Le but du gouvernement étoit rempli par la diversion que les manœuvres de l'armée du Rhin avoit faite en faveur de celle de Massena.

Je reçus l'ordre de ramener la division sur Neckerau. J'exécutai la retraite avec le plus grand ordre. Le général en chef, ayant des craintes pour Mayence, m'ordonna de m'y rendre en diligence, pour, de concert avec les autres généraux, en assurer la défense.

Les craintes des projets de l'ennemi sur Mayence étant dissipées, le général Ney, qui prit le commandement de l'armée par interim, me tira de cette place pour me confier le commandement de la première division de l'armée, à la tête de laquelle je parvins à m'emparer de Neckerau; je fis à l'ennemi un grand nombre de prisonniers, et, ce qui ne prouve autre chose que mon heureuse étoile dans les hasards du combat, je ne perdis pas un seul homme.

Depuis que Barrère, de sanglante mémoire, a eu l'impudence, à la tribune de la Convention, de faire remporter de grandes victoires sur l'ennemi par les François sans qu'il en coutât un seul homme à ces derniers, tout homme qui, dans ses récits de combats, imite le langage de cet orateur à jamais déshonoré, perd tout crédit, et n'excite plus que le rire de la pitié. Censeur raisonnable, je sais tout cela; votre réflexion est pleine de sens, et je l'adopte. Mais parce qu'un fait est extraordinaire et hors de la vraisemblance, faut-il craindre de le rapporter ? La confiance que mérite un récit quelconque naît toujours de l'opinion que l'on a conçue de celui qui le fait. Or, je crois avoir au moins exclu le mensonge dans l'idée que mon mémoire véridique a tracée de ma moralité. J'ai dit que dans plusieurs attaques très-chaudes je n'avois perdu aucun de ceux que je commandois, parce que c'est la vérité : cette vérité ne prouve que mon bonheur; je n'ai pas voulu en conclure autre chose en ma faveur. Mais à la guerre n'est-ce rien que le bonheur? Je suis d'un avis opposé, et si je tenois la puissance dans ma main, avant de confier le commandement d'une armée ou d'une division de cette armée, j'examinerois d'abord les talens militaires des prétendans, mais ensuite le bonheur qui les a accompagnés. Pour moi, au risque d'exciter le mépris des graves philosophes qui ont la manie de tout expliquer, je déclare que je crois au fatalisme, et j'ai pour autorité l'opinion des plus célèbres capitaines de l'histoire ancienne et moderne.

Le 28 Vendémiaire an 8, je pris Schwetzingen; le 29, je chassai l'ennemi de la Kraichbach; j'entrai dans Hockenheim, en occupant tout à la fois Alt- et Neu-Lossheim et Reilingen. Je fis dans cette journée 200 prisonniers à l'ennemi, et je ne perdis encore aucun homme de ma troupe. Le 30, je tournai l'ennemi dans sa position de la Kriegbach; je lui fis quitter Rheinhausen, Oberhausen, Wissenthal, Waghäusel, Kirloch et Hambrück; je lui fis encore 131 prisonniers, parmi lesquels 10 officiers.

Le 1.er Brumaire, ma division forma le blocus de Philipsbourg. Le 2, je pris Rheinsheim, défendu par deux bataillons de bonnes troupes; je fis 300 prisonniers, parmi lesquels 6 officiers, dont 4 capitaines. Le 3, je m'emparai de Neuhoffen, Graben, Hochstett, Linckenheim et de tous les villages jusqu'au Rhin. Je fis encore un grand nombre de prisonniers, et dans toutes ces opérations, je n'eus pas la perte d'un seul homme à regretter. Ma division prit encore à l'ennemi un grand convoi de subsistances et des magasins considérables en fourrages.

Le général Delaborde vint à cette époque prendre le commandement de cette division; je conservai celui de la brigade de droite. Obligé de concentrer ses forces, le général Lecourbe, devenu général en chef de l'armée du Rhin, ordonna un mouvement rétrograde. Je fus chargé de couvrir la retraite; jamais l'ennemi ne parvint à m'entamer, ni à ralentir ma marche.

Le 23 Brumaire, dans une reconnoissance que je poussai vivement, je fis une fausse manœuvre, toute opposée à la véritable attaque que je méditois pour le lendemain. L'ennemi déconcerté plia partout, et m'abandonna 70 prisonniers, parmi lesquels 6 officiers et un major. Ses bagages furent la proie des hussards de Chamboran. De mon côté je n'eus ni tués, ni blessés, ni prisonniers. Si la nuit n'étoit venue mettre fin à mes progrès, l'ennemi étoit tellement étonné de l'extraordinaire de ma manœuvre, que dès ce jour-là j'aurois enlevé la moitié de la garnison de Philipsbourg; je la poursuivis à la baïonnette jusques sous les murs de la place.

Le lendemain, le général autrichien Starray envoya dans cette partie un renfort d'une division de cuirassiers et un bataillon hongrois. Je méditois un coup pour le 25, du consentement et sous les auspices du général divisionnaire Laborde. Je fis couper tous les ponts sur la Kraichbach, pour donner le change aux espions. L'ennemi crut que nous allions nous retirer; il en prit plus de sécurité. Sur le soir arriva l'ordre d'une attaque générale sur toute la ligne pour le lendemain 25, jour fixé par moi pour une attaque partielle. J'allai reconnoître le terrain et les débouchés des bois, tandis qu'un officier étoit envoyé pour s'assurer de la communication des bords du Rhin par Angelhaus et Alt-Lossheim, point sur lequel je voulois faire de simples démonstrations d'attaque pour amuser les corps ennemis qui occupoient ce village, tandis que les principales forces traverseroient le bois, et pénétreroient à revers des retranchemens et batteries, vis-à-vis Neu-Lossheim sur la Krieg. Je place dans les pièces justificatives, sous le n.° 1, le sommaire des ordres que j'ai donnés dans cette opération. Chaque lecteur sera mis à portée de juger du mérite de cette opération, comme s'il avoit été sur les lieux.

Il y a deux manières d'obtenir des succès : ou bien on les obtient du hasard, c'est-à-dire, d'un concours fortuit de circonstances inattendues; ou bien les succès sont le résultat nécessaire et prévu de combinaisons exactes et profondes. Je veux donner à ceux qui me liront une idée vraie de la position de l'ennemi, afin qu'il puisse juger de quelle nature étoient les succès que j'ai obtenus, et qu'il distingue s'ils ont été l'ouvrage de mes combinaisons ou du hasard. Plusieurs généraux, depuis le commencement de la guerre, ont obtenu des avantages sur l'ennemi, dont ils étoient autant surpris que ceux qui y avoient concouru.

Les villages d'Alt- et Neu-Lossheim étoient occupés par 1200 fantassins, la plupart Hongrois, et environ 500 hommes de cavalerie. Alt-Lossheim est entouré de haies, ayant un cimetière élevé, garni d'un mur en grosses pierres de taille ; il est situé à l'angle du village, et fait face à Neu-Lossheim : il peut contenir 400 hommes, et présente un moyen de défense respectable. L'ennemi avoit pour point de retraite le pont sur la Krieg, et pouvoit, à travers un marais fangeux, se retirer sans craindre d'être serré de trop près, attendu que la cavalerie ne pouvoit le poursuivre. Il avoit, dans tous les cas, le temps de se retirer avec ordre, avec d'autant plus de sécurité que, les retranchemens et le pont derrière Neu-Lossheim étant gardés, il n'avoit pas à craindre d'être tourné par sa droite. La réserve de l'ennemi étoit à Oberhausen et Rheinhausen. Le pont de Neu-Lossheim étoit gardé par un bataillon autrichien de Würtzbourg, avec deux pièces de trois. La tête du bois de Waghäusel et de Reilingen étoit garnie de chasseurs, bons tireurs de Franconie, au nombre de deux à trois cents. Le point où je dirigeai mes plus grandes forces (c'étoient deux bataillons de la 16.e de ligne) étoit défendu par cinquante carabiniers du régiment esclavonien de Broder. Ainsi donc la faute des Autrichiens étoit, d'abord, d'avoir laissé une lacune d'une lieue; une faute plus impardonnable, et dont j'ai profité, est que le général autrichien, en occupant Alt- et Neu-Lossheim, avoit entassé sur un même point trop de troupes, qu'il ne pouvoit mouvoir dans le cas d'une attaque. Le moindre inconvénient pour lui étoit la confusion qui devoit nécessairement résulter d'une position trop resserrée. Ensuite on n'a jamais vu placer six cents, et plus, de gros chevaux de cavalerie, dans un pays où ils n'avoient pour toute retraite qu'un seul pont très-étroit.

Voulant retenir dans Alt-Lossheim les forces qui gardoient ce village, je fis longer le Rhin par deux ou trois compagnies, tirant d'Angelhaus sur Alt-Lossheim. Je plaçai derrière un rideau les hussards et le 23.e de cavalerie, pour charger la cavalerie ennemie en flanc ou en croupe, lorsqu'elle auroit été attirée dans la plaine. Ma réserve étoit couverte par un fossé surmonté de haies élevées; je l'avois tenue à l'écart pour empêcher l'ennemi de l'apercevoir, car en la voyant il auroit pris de l'inquiétude et seroit déguerpi de sa position, ce qui n'auroit pas fait mon compte. J'avois dirigé une pièce d'artillerie légère sur le cimetière, pour intimider tout à la fois les troupes qui y étoient retranchées, et en même temps pour rendre la retraite du pont impossible, en tirant à mitraille sur ce point. Deux bataillons de la 16.ᵉ marchèrent à travers les bois et devoient dépasser la Krieg dans le lieu où elle fait fourche, redescendre ensuite cette rivière, pour tomber sur le revers des batteries du pont, barrer le passage à la cavalerie ennemie, et de là se porter avec rapidité sur Waghäusel et Oberhausen, et couper par cette manœuvre tout ce qui se trouvoit à Oberhausen et Rheinhausen. Si l'officier chargé de l'opération avoit suivi exactement mes instructions, toute la cavalerie ennemie auroit été prise. Quoi qu'il en soit de l'inexpérience de cet officier, car je n'accuserai point son intention, le résultat des opérations de la brigade de droite que je commandois dans la première division, a été 1500 prisonniers, 5 bouches à feu, les caissons et munitions, tous les bagages et 2000 fusils, en outre beaucoup d'hommes tués, blessés, ou noyés. Cette brigade n'a perdu que deux hommes sous mon commandement. J'invoque en témoignage tous les braves qui en faisoient partie. Eh bien, le croira-t-on? dans le rapport fait au Ministre sur les succès de cette journée, on a parlé de tout le monde, excepté de moi qui y avois eu le plus de part, et qui l'avois préparée par mes méditations et mes connoissances en tactique. Je n'ai pas murmuré; je suis accoutumé à l'injustice. Le général en chef Lecourbe a réparé ce tort de son chef de correspondance, par un certificat où il déclare la vérité sans emphase. C'est ainsi que j'aime à la voir exprimer. Je joins ce certificat dans les pièces justificatives, sous le n.° 2. J'ai reçu, dans cette affaire, à la cuisse gauche, une balle de pistolet morte, qui me causa une grande douleur. Cela ne m'empêcha pas de rester à cheval jusqu'à neuf heures du soir, sans avoir bu ni mangé de la journée.

Une circonstance qui confirme mon système du fatalisme, c'est qu'un boulet m'enleva le bonnet à la turque dont ma tête étoit couverte, et mon panache fut coupé en deux. Le général Delaborde a été témoin de ce jeu des hasards de la guerre.

Par suite de l'armistice conclu entre l'armée française et le général autrichien Starray, je fus envoyé à Mayence pour y servir sous les ordres du général Marescot, lequel, appelé quelques jours après à des fonctions plus importantes, me remit le commandement et de la place et de la division. Je le conservai jusqu'à l'arrivée du général Hardi, sous les ordres duquel j'ai gardé le commandement de la place pendant cinq à six jours. Le général Caillez, envoyé par le gouvernement, vint enfin me remplacer; alors mon commandement se borna à celui du sud, c'est-à-dire, d'une partie des fortifications de la ville.

C'est de mon commandement à Mayence que datent les machinations de l'envie, les mensonges de la calomnie. Pour ne point interrompre le récit des actions qui ont distingué ma carrière militaire jusqu'à l'époque de ma présente suspension et mise en jugement, je laisserai pour la seconde partie de mon mémoire justificatif les réponses aux allégations fabriquées contre moi ; je continuerai le narré succinct de mes opérations militaires.

Tant que j'ai commandé à Mayence, en chef ou autrement, je défie qui que ce soit d'articuler contre moi un seul acte arbitraire, une seule action qui invite au soupçon même le plus léger : j'en appelle à tous les militaires, qui m'ont témoigné leur reconnoissance pour la douceur, la justice, et la discipline par moi déployées ; aux habitans de toute classe, et aux autorités civiles, qui m'ont exprimé leurs regrets de me perdre avec l'accent du cœur et de la vérité. C'est à Mayence un cri général, que depuis l'arrivée du général Thüring le bourgeois ne s'apercevoit pas que la ville fût en état de siége, tant j'avois su concilier ce que je devois de rigueur à la conservation de cette importante forteresse, et ce que je devois d'égards aux malheureux habitans plusieurs fois pris et pillés, tant par l'ennemi que par les Français.

Je quittai Mayence pour être employé dans la division du général Ney, faisant partie du corps du centre de l'armée du Rhin commandé par le lieutenant-général Saint-Cyr. Ce fut pour moi une grande satisfaction de servir sous des camarades aussi illustres par leurs exploits. Leur gloire est assurée; mon témoignage n'y ajouteroit rien : je me contenterai de leur déclarer avec la franchise d'un officier français que je conserverai chèrement le souvenir de leurs talens, de leur amitié et de leur estime. Le général Saint-Cyr, particulièrement, a droit à ma reconnoissance. Appelé par le premier Consul aux importantes fonctions de conseiller d'état, il a pris ouvertement ma défense contre mes calomniateurs aussitôt que mon défenseur a eu invoqué son suffrage. Quant au général Ney, quand bien même ses exploits brillans ne le feroient pas connoître d'une manière si avantageuse, ses instructions aux généraux sous ses ordres suffiroient pour lui assigner une des premières places parmi les grands capitaines de la France : ses ordres sont si clairs, si précis, si militaires, que l'officier le moins expérimenté s'identifie avec les projets de celui qui les a dictés. Personne n'osera lui disputer sa valeur extraordinaire, ses talens, et un je ne sais quoi qui commande la confiance et promet la victoire. Je pense que parmi mes camarades il est un des plus capables du commandement en chef d'une armée.

Je n'eus pas long-temps la satisfaction de servir sous des chefs qui méritoient si bien mon estime. Je reçus l'ordre de me rendre à Frankenthal, où des circonstances impérieuses appeloient un officier général intelligent et actif. Ce déplacement me contrarioit tellement que je me rendis auprès du général en chef Moreau à Bâle, pour qu'il changeât ma destination. Il m'accueillit en vieux camarade, me reçut avec distinction, et me promit que ma destination seroit changée. Un rendez-vous me fut indiqué à l'issue du dîner. Je n'y manquai pas. J'expliquai au général en chef la répugnance que j'avois à servir sous les ordres d'un général (Delaborde) dont je croyois avoir à me plaindre, relativement à l'affaire du 25 brumaire, journée dont la plus grande gloire m'appartenoit, et dans le récit de laquelle on ne daigna pas seulement faire mention de moi au ministre de la guerre. (Depuis je m'en suis expliqué franchement avec le général Delaborde; il m'a protesté sur son honneur que cet oubli ne venoit pas de lui : j'aime à le croire.) Moreau me répondit avec cordialité et intérêt, qu'il concevoit ma répugnance à servir dans cette division, qu'il m'enverroit ailleurs : mais qu'il seroit charmé que je pusse vaincre un moment cette répugnance, et que je la sacrifiasse aux intérêts des armes de la République; qu'il falloit, pour commander à Frankenthal et dans le pays circonvoisin, un officier général d'un mérite plus qu'ordinaire; qu'il y avoit dans le canal de cette ville deux équipages de pont, des magasins considérables; que, d'après son plan de campagne, il ne pouvoit employer sur ce point qu'un très-petit nombre de troupes; que, cependant, il n'ignoroit pas que tout le corps du général autrichien Starray occupoit le Bas-Palatinat, et que la garnison de Philipsbourg étoit très-forte; que c'étoit là le motif honorable, sa confiance en mes talens et en mon dévouement, qui le déterminoit à m'inviter de prendre ce commandement. Le général en chef Moreau me rendra la justice de dire que, dès qu'il m'eut developpé ses intentions, je me fis un devoir d'obéir. Mon amitié particulière pour Moreau, mon désir bien vif de contribuer à sa gloire, qui est celle des armes françoises, firent taire mon amour propre offensé; je ne vis plus que le devoir dans la volonté de mon général.

Avant de le quitter, Moreau m'apprit que l'ennemi venoit d'effectuer un passage partiel, et qu'il s'étoit rendu maître du fort du Rhin vis-à-vis Mannheim. Je partis le même jour pour ma destination. J'arrivai à temps dans mon nouveau commandement pour faire repentir les Autrichiens de leur témérité. Le fort fut repris, aussitôt mon arrivée, avec perte de deux hommes seulement. Tous les ennemis qui y étoient renfermés furent tués, blessés, noyés ou faits prisonniers; de deux cents il n'en retourna que dix ou vingt à la rive droite. Je forçai le prince Hohenlohe à me renvoyer les employés aux douanes que ses troupes avoient enlevés des villages d'Oggersheim, Studenheim, Friesenheim, Oppau, Mundenheim et Neuhoffen, ainsi que ceux pris à Spire lorsqu'il fit passer le Rhin à deux cents chasseurs de Franconie. J'ai su faire respecter les armes françoises dans cette partie de la frontière alors très-foible, tellement que, pendant tout le temps que j'ai commandé cette rive, l'ennemi n'a plus osé rien entreprendre. Je pris, pour interrompre la communication d'une rive à l'autre, des précautions si bien concertées que rien que ce que je voulois bien ne pouvoit y passer.

Mes postes furent distribués à des distances si bien mesurées, que les sentinelles pouvoient se surveiller entre elles sur tout le cours du Rhin; j'établis des signaux sur toute la ligne; mes troupes étoient disposées de manière que, de quelque côté que l'ennemi se fût présenté, il auroit éprouvé une résistance convenable. Je n'avois cependant, pour couvrir treize lieues de frontières pleines de sinuosités, que deux bataillons de cinq cents hommes, un régiment de cavalerie qui n'avoit que quatre-vingts chevaux, et deux pièces de quatre. Sur la rive droite l'ennemi a toujours eu quarante, trente, vingt, et le moins quinze mille hommes, sans compter la garnison de Philipsbourg, qui pouvoit au besoin lui fournir une artillerie formidable.

Je ne me contentai pas d'assurer la frontière : j'ai fait curer le canal de Frankenthal, dont l'embouchure étoit comblée; les plus petits bateaux ne pouvoient y entrer ni en sortir. Quinze jours seulement ont été employés à ce travail, qui, mis à l'entreprise, auroit coûté cent mille francs au trésor public, et 6 mois au moins. Cet ouvrage, dont l'utilité m'a fait bénir dans le pays, n'a rien coûté ou une très-foible somme. Il est vrai que j'ai dû mon heureuse et prompte réussite à une circonstance extraordinaire dont j'ai profité. De mémoire d'homme jamais le Rhin n'avoit été aussi bas.

Le général Starray voulut s'opposer au travail du canal. Pendant quatre jours six bouches à feu tirèrent continuellement sur mes travailleurs; mais mes précautions rendirent inutile cette canonnade. Aucun de mes ouvriers ne fut blessé; quatre mille coups de canon et d'obus furent tirés aux moineaux. Mes deux pièces de quatre, calibre si disproportionné à celui des pièces qui m'étoient opposées, firent plus d'effet; elles démontèrent à l'ennemi trois pièces dans un jour et lui tuèrent quelques hommes. Pour mettre fin à cette canonnade qui, quoiqu'elle n'eût jusqu'à présent produit aucun mal, répandoit cependant l'alarme sur la rive gauche, je menaçai les Autrichiens de jeter des bombes dans Mannheim s'ils ne cessoient sur-le-champ de gêner mes ouvriers dans leurs travaux. Je fis des dispositions pour exécuter mes menaces. Le général Delaborde, avec lequel j'ai vécu depuis dans la plus grande intelligence, m'envoya un obusier. Le lendemain à cinq heures du matin les batteries du fort du Rhin étoient prêtes à jouer. J'accordai une heure au prince Hohenlohe pour répondre. La réponse n'étant point arrivée au bout de quatre-vingts minutes, je fis lancer un obus, que je donnai l'ordre de diriger de manière à ne causer aucun dommage à cette innocente, superbe et bien malheureuse ville de Mannheim. Aussitôt le général autrichien, qui avoit à sa disposition plus de bataillons que je n'avois de compagnies, se hâta de conclure la convention de ne plus inquiéter les travaux commencés. Continuant à dicter des lois à mon ennemi, j'exigeai en outre que les Autrichiens détruisissent les batteries, et généralement tous les ouvrages construits depuis l'armistice conclu entre les généraux Lecourbe et Starray. Le prince Hohenlohe fut forcé d'y consentir. Voilà à quoi aboutit cette bravade de l'ennemi : j'en tirai les plus grands avantages. Le canal fut achevé, et les Autrichiens, ne pouvant plus troubler les travaux, venoient les regarder finir.

Apprenant par mes espions que le général Fresnelle et le général-major de Wreden se disposoient à opérer un passage de dix à douze mille hommes, je résolus de les effrayer par des forces fictives, puisque je ne pouvois leur en opposer de réelles. Mais il falloit tromper leurs espions et les miens même. En conséquence je fis préparer, dans tous les villages des environs, des logemens pour le corps d'armée commandé par le général Collaud; je désignois l'espèce et le nombre des troupes qui devoient cantonner dans chaque village; je portois ce prétendu corps d'armée à vingt-cinq mille hommes; j'établis plusieurs quartiers généraux à différentes distances; je doublai les postes sur la ligne, sans y employer plus d'hommes. Ce qui me restoit des deux bataillons, fut formé en corps de partisans; il se portoit d'un point sur un autre, et cela toujours nuitamment. Mon artillerie, son parc et la cavalerie, faisoient la même promenade. Cette manœuvre, ces marches et contre-marches, firent changer de résolution aux Autrichiens : ils commencèrent à veiller à leur propre sûreté; ils s'attendoient à être attaqués d'un moment à l'autre dans leurs positions. Ils étoient de si bonne foi dans cette opinion, que le corps de Starray, déjà en marche pour Canstadt, rétrograda jusqu'à Bruchsal. J'en étois averti par un espion de l'ennemi, gagné à force d'argent, et par mes propres agens. Je redoublai d'activité pour continuer à donner le change. Je reçus dans ces entrefaites l'ordre de faire partir le troisième bataillon de la 29.e Il avoit la musique du corps. Je voulus, avant de le renvoyer, en profiter pour confirmer les craintes sur la rive droite. Le bataillon eut ordre de se rendre au soleil couchant au bout du canal, pour exécuter les dispositions qui lui seroient prescrites. Là, je mis tout le bataillon sur la même ligne, et je le fis défiler de la sorte, pendant deux heures, derrière les digues du Rhin, tambour battant d'un côté, et la musique jouant de l'autre. L'ennemi, qui n'apercevoit que la tete des hommes et les fusils, crut apercevoir et entendre des forces considérables; il resta vingt-quatre heures sous les armes et au bivouac. Le lendemain le bataillon partit pour sa destination. Starray vint ce jour-là même à Wisloch. Cette ruse n'est pas nouvelle; mais j'ai eu le mérite de l'employer à propos : j'ai fait perdre en alarmes cinq jours à l'aile droite de l'armée autrichienne; pendant ce temps l'armée françoise du Rhin avançoit et faisoit des progrès en Souabe.

Il étoit d'autant plus nécessaire d'intimider l'ennemi, qu'outre la foiblesse de la ligne que je commandois, la forteresse de Landau étoit dégarnie de troupes et de munitions; il n'y avoit pas dans ses murs un seul artilleur. Ce fait est exact, et le général Delaborde ne me démentira pas. Starray, voyant enfin qu'il venoit de faire une école, qu'il avait été la dupe d'une vieille ruse de guerre, reprit avec son corps d'armée le chemin de Canstadt : il y arriva trop tard; les succès de l'armée du Rhin étoient déjà assurés.

Dès que je fus instruit de l'éloignement du corps d'armée commandé par Starray, je formai un dessein un peu hardi; c'étoit de passer le Rhin, d'enlever les postes mayençois et bavarois qui étoient venus remplacer les Autrichiens. Afin d'empêcher que mes projets ne transpirassent par l'espionnage, je donnai l'ordre à la troupe de se tenir prête à partir pour Strasbourg au point du jour. Dans la nuit du 23 au 24 Floréal les pontonniers préparèrent les bateaux et les barques propres au service. A quatre heures tout étoit prêt. Je choisis quinze cavaliers du 4.e régiment, les grenadiers de la 65.e demi-brigade, et cinquante hommes pris dans le deuxième bataillon de la 29.e Avec ce petit nombre d'hommes j'ai opéré le passage du fleuve sous le feu de la mousqueterie autrichienne. J'ai fait prisonnier tout ce qui n'avoit pas fui, et à huit heures je me trouvois déjà au fort du Necker, vis-à-vis de Mannheim; je n'avois avec moi que trois ordonnances. Je menaçai de passer au fil de l'épée toute la garnison, si on ne cessoit à l'instant de tirer sur ma troupe:

je sommai le commandant de rendre la place sur l'heure, s'il ne vouloit la voir en feu. A neuf heures ce dernier m'offrit de rendre la place aux conditions contenues dans la capitulation dressée et signée par moi et le baron de Szenteresky, commandant pour S. M. I. au fort du Necker. Cette capitulation fut également signée par les principaux magistrats de Mannheim. Ils ont eu confiance dans mon humanité ; on verra, par l'expression de leur gratitude, qu'ils n'ont point été trompés dans leur espoir. La capitulation de Mannheim est portée au nombre des pièces justificatives sous le n.° 3.

C'est particulièrement sous le rapport de mon désintéressement dans le pays conquis, que je désire fixer l'attention de ceux qui me liront, parce que c'est d'extorsions, de concussions, que je suis accusé. Je le demande à l'homme le plus disposé aux préventions défavorables : s'il est vrai que j'ai refusé toutes les sommes considérables qui m'ont été offertes par la régence du Palatinat, tous les présens qui, sur mon refus d'argent, m'ont été présentés sous toutes les formes ; s'il est vrai que ce peuple malheureux s'applaudit des ménagemens que j'ai employés à son égard, en exerçant le terrible droit du plus fort, du vainqueur ; si, dis-je, tout cela est vrai, est-il concevable que, sur la rive gauche, je me sois livré aux exactions tout à la fois les plus mesquines et les plus révoltantes ? est-il concevable qu'ayant refusé l'or à poignée, j'aie reçu deux florins d'un malheureux qui vouloit acheter ma bienveillance ? Ces deux florins et d'autres exactions de même nature sont pourtant au nombre des faits articulés contre moi ; et c'est pour des accusations aussi ridicules, aussi invraisemblables, qu'un général couvert de blessures et de gloire, j'ose le dire, est traduit devant un conseil de guerre !

Je réserve pour la seconde partie de mon mémoire, qui contiendra ma justification proprement dite sur les imputations dirigées contre mon honneur, tous les détails propres à détruire l'ouvrage de la calomnie ; mais comme l'expression de la reconnoissance des premiers magistrats de Mannheim appartient à ma carrière militaire et la caractérise, je joins ici, dans les pièces justificatives, sous les numéros 4 et 5, deux déclarations de la régence palatine à mon sujet. Elles sont écrites avec le ton de la vérité et du sentiment. Aucun général françois n'a joui, dans le pays ennemi, de plus d'estime, d'affection et de considération que moi; long-temps mon nom y sera l'objet de la vénération publique et privée.

Que j'embrasse maintenant ce laps de huit années que j'ai succinctement parcouru. Excepté ceux que la hache de l'anarchie a retranchés du nombre des vivans, est-il un officier françois qui ait, plus que moi, été en butte aux coups du malheur, aux bourrasques de la tempête révolutionnaire? A S. Omer je suis pendu pour une action héroïque; à Paris je me trouve au nombre des victimes du 2 Septembre, et je n'échappe au carnage que par miracle. Je suis désigné à l'échafaud, en l'an 2, comme complice de Dumouriez, et le tribunal révolutionnaire menace ma tête. Peu de temps après, toujours pendant la terreur, je suis jeté dans les cachots de la conciergerie, l'antichambre de la mort, quoique couvert de blessures et de sang versé pour la défense de mon pays. A la fin de l'an 3, un décret déclare que j'ai bien mérité de la patrie, et quelques jours après les comités de gouvernement me destituent. En Fructidor, an 5, je suis proscrit, parce que j'aimois Carnot, Pichegru, Barthélemi et Henri Larivière, parce que ma haine pour l'anarchie étoit dans la proportion de mon amour pour les idées sages de liberté.

Je crois avoir établi victorieusement, dans cette première partie de mon mémoire, que toutes les actions de ma carrière militaire me montreront à l'estime générale *sous le double rapport de bon officier et de bon françois.*

SECONDE PARTIE.

TANT que le département du Mont-Tonnerre, dont Mayence est le chef-lieu, ne sera pas purgé des anarchistes qui s'y sont retirés comme dans un repaire agréable et sûr de tous les coins de la République et même de l'empire germanique, malheur au général françois qui commandera un temps notable dans ce pays autrefois si riche et si beau, maintenant ruiné par le double fléau de la guerre et des déprédations! il doit s'attendre, quelle que soit sa conduite, à des dénonciations reproduites sous toutes les formes. Les habitans se plaignent, parce qu'ils sont écrasés, plus encore par les exactions des administrateurs envers les administrés, que par les charges publiques. Eh bien, les administrateurs déhontés, pour détourner l'indignation, indiqueront ce général au mécontentement et aux murmures de ce malheureux peuple. Si ce général accusé rencontre, comme moi, dans le ministre de la guerre un homme occupé de ses projets, et ne mettant pas l'exacte distribution de la justice au nombre de ses premiers devoirs; il sera traduit devant un conseil de guerre, et il aura, au bout de six mois d'inactivité et d'amertumes, la triste satisfaction de prouver à ses juges et au public que ses accusateurs ont calomnié et que les imputations dirigées contre lui sont sans prétexte.

Le général du génie Marescot tient une place distinguée parmi les généraux françois dont les talens sont reconnus; il est encore recommandable par une réputation méritée de probité et de vertu. Eh bien, avant de me remettre le commandement de Mayence, ce général honnête homme a été accusé, calomnié; ce fut avec une grande joie qu'il abandonna ce commandement. Les généraux Sainte-Susanne et Leval, et plusieurs autres très-estimés, ont également été dénoncés par les anarchistes qui déchirent ce malheureux pays. Quant à moi, je déclare qu'il n'y a pas dans la République de commandement militaire que je ne préférasse à celui de Mayence et du département du Mont-Tonnerre. Lorsque le premier Consul, dont l'attention forte est entièrement consacrée au grand œuvre de la pacification de la France, de l'Europe, pourra s'occuper des détails de l'administration des pays conquis, j'ai l'espoir qu'alors il débarrassera ces beaux pays d'une foule de scélérats que le besoin de l'impunité y a réunis : ce sera alors le cas d'appliquer à beaucoup de ces intrigans dangereux l'article de la constitution qui détermine à quelles conditions on acquiert le droit de citoyen dans la République françoise. Par l'effet seul de cette utile application de l'acte constitutionnel, cette foule de prêtres apostats, de moines fugitifs, que l'Allemagne a vomis sur nos frontières, seront repoussés dans les contrées qui les ont vus naître.

Des accusations puériles, insignifiantes, et du mérite desquelles je vais mettre le lecteur à portée de juger, sont amoncelées contre moi dans le département du Mont-Tonnerre. Le commissaire du gouvernement dans les quatre départemens de la rive gauche du Rhin, homme foible, mais que l'on dit honnête, se rend l'interprète des dénonciateurs, et le fait avec virulence et emportement. Quel étoit le devoir d'un ministre de la guerre lorsqu'il recevoit de pareilles dénonciations, dirigées contre un général couvert de blessures, et honoré de l'estime de ses camarades et de ses chefs ? Ne devoit-il pas soumettre ces dénonciations à un examen sévère, et entendre le général dénoncé contradictoirement à ses accusateurs ? Je devois surtout attendre cette justice du ministre Carnot, qui m'avoit sauvé la vie en m'arrachant des cachots de la terreur en l'an 2 ; de Carnot, à qui j'avois donné des preuves non équivoques de reconnoissance et de dévouement : eh bien, cette conduite si simple, si impérieusement commandée par les plus habituelles affections de l'honnête homme, je ne pus l'obtenir d'un protecteur chéri, d'un ami. J'avoue que l'abandon de Carnot m'a été plus sensible que le déchaînement de mes calomniateurs. Vertu, tu as donc la mobilité et la foiblesse de nos passions ! l'homme qui m'avoit sauvé la vie, m'abandonne à la calomnie, lorsqu'il peut, en m'écoutant, me donner les moyens de la confondre !

Accusé de vexations, de concussions odieuses, mon honneur ne me laissoit que deux partis à suivre : le premier, c'étoit de me justifier auprès du ministre de la guerre, mais il refusa de m'entendre ; le second, c'étoit de solliciter ma traduction devant un conseil de guerre. Mes ennemis auroient préféré que les dégoûts m'eussent fait quitter le service. Hommes vils, apprenez que le premier besoin de mon cœur est de servir ma patrie, et si je l'ai fait avec zèle lorsqu'elle étoit déchirée par les factions, croyez-vous donc qu'il ne m'est pas encore plus doux de la défendre lorsqu'elle est gouvernée par le général qui a captivé toute mon admiration et tout mon dévouement ? L'honneur ne compose pas avec des accusations flétrissantes : il faut ou périr, ou reprendre son honneur pur et sans tache. Ce n'étoit qu'un jugement de mes pairs qui pouvoit me le rendre : je m'obstinai donc à demander un conseil de guerre. J'eus besoin d'obstination dans mes démarches pour réussir dans une demande aussi simple.

Enfin je l'obtins. Strasbourg fut indiqué pour le lieu des séances du conseil. J'accours de l'armée pour me présenter au rapporteur et me constituer prisonnier : cependant le rapporteur, qui ignoroit que j'étois à l'armée, écrit à Nancy, où j'avois mon domicile, pour ordonner mon arrestation. Un de mes camarades, le général Gilot, qui commande encore à Nancy, me prouva, par sa conduite déloyale et vexatoire, qu'il ne mettoit pas au nombre de ses bonnes qualités l'obligation d'être juste et d'avoir des égards pour ses camarades momentanément malheureux. Au reçu de la réquisition du rapporteur, ce général, que j'avois vu avant mon départ pour le quartier du général en chef Moreau, où j'allois solliciter ma traduction devant un conseil de guerre, dont l'ordre n'arrivoit point du ministre; ce général Gilot, qui savoit le motif de mon voyage, qui savoit que je ne cherchois point à me soustraire à une instruction juridique, si vivement sollicitée par moi et l'objet de tous mes vœux, se permet de faire faire, dans mon domicile à Nancy, une perquisition sévère de ma personne par la gendarmerie.

J'abandonne le général Gilot au mépris que cette action lui méritera. Je rougirois toute ma vie de m'être rendu coupable d'un pareil acte d'injustice et de fausseté à l'égard d'un de mes camarades. Aussitôt mon arrivée à Strasbourg et mon sistement volontaire, le chef de bataillon Deschamps, nommé par qui de droit rapporteur dans mon affaire, commença, avec une sévérité effrayante pour un coupable, l'instruction du procès. Depuis le 21 Vendémiaire an 9 jusqu'au dix-sept Frimaire, j'ai comparu soixante-huit fois au greffe du rapporteur, pour être confronté avec soixante-huit témoins, tous assignés à charge contre moi. Le deux Nivóse, le rapporteur m'interrogea longuement, et avec un art et une finesse que je n'aurois pas soupçonnés dans un militaire. J'ose affirmer que si mon interrogatoire volumineux et sévère fait honneur à la sagacité et à l'intégrité de mon rapporteur, il prouve aussi victorieusement la pureté et le désintéressement de toutes mes actions; aucune ne lui avoit échappé, et opposant les nombreux témoignages les uns aux autres, il avoit dressé, jour par jour, l'historique de tout ce que j'avois fait, ou de ce qu'on m'accusoit d'avoir fait, pendant tout le temps que je commandois sur la rive gauche. Cet officier, auquel je n'adresse d'ailleurs aucun reproche, parce que, quoique sévère, il m'a paru exempt de passion et ne chercher que la vérité, rempliroit, je crois, avec distinction les fonctions difficiles de commissaire du gouvernement près un de nos tribunaux criminels, et le crime qui lui échapperoit seroit bien adroit.

Avant de m'interroger, le rapporteur me donna connoissance de toutes les pièces à charge produites contre moi. Je ne savois que vaguement les imputations qu'on avoit osé diriger contre mon honneur; je savois vaguement que j'étois accusé de vexations, de concussions, d'exactions: mais j'imaginois qu'on m'avoit au moins fait l'honneur de ne viser qu'aux grandes sommes, et que mes accusateurs auroient, dans leur dire, rempli ma caisse de plusieurs fois cent mille livres. Quel fut mon étonnement et mon indignation, lorsque je me vis inculpé sur des exactions de quatre louis, c'est la plus forte, de six francs, et même de deux florins! exactions commises par moi-même, de la main à la main! Comment, Carnot! la puérilité, le ridicule, l'indécence de pareilles accusations, n'ont pas suffi pour vous ouvrir les yeux sur leur fausseté! Quoi! c'est sérieusement et de bonne foi que vous m'avez cru capable d'arracher en détail, et florin à florin, le denier du malheureux! Vous avez été mon bienfaiteur; je vous dois la vie... Je dois me taire.

Qu'il est pénible pour un officier général que quelque gloire accompagne, qui jouit dans sa patrie de l'estime de tous ceux qui le connoissent, et dans l'étranger de la plus haute considération, d'avoir à repousser d'aussi dégoûtantes imputations. N'importe; le résultat de ce travail fastidieux est l'honneur: cette considération, la plus puissante sur mon ame, suffit pour l'ennoblir.

Les imputations dirigées contre moi se trouvent dans mon acte d'accusation, porté en tête de mon interrogatoire. Je vais les transcrire fidèlement, et y répondre avec scrupule.

1.re Imputation. *Henri-Joseph Thüring*, général de brigade, employé à l'armée du Rhin, est accusé d'avoir, lorsqu'il commandoit la rive gauche du Rhin, dans les nouveaux départemens, frappé, sous différens prétextes, des réquisitions en voitures et chevaux, qu'il rendoit à ceux des propriétaires qui se rachetoient à prix d'argent.

2.e Imputation. Le général Thüring est accusé d'avoir parcouru les communes desdits départemens avec la force armée, et exigé d'icelles de fortes sommes d'argent, et surchargé de troupes celles qui ne se rachetoient pas.

3.e IMPUTATION. Le général Thüring est accusé de s'être fait payer depuis trois jusqu'à douze francs, pour la délivrance illicite de passe-ports pour aller outre Rhin, et d'avoir, à cet effet, établi un bureau de perception à son profit, dans la commune de Mundenheim.

4.e ET DERNIÈRE IMPUTATION. Enfin, le général Thüring est accusé, d'avoir lorsqu'il commandoit à Mayence, donné la permission immorale de tenir des maisons de jeux de hasard, moyennant une rétribution de sept cents francs par mois.

Avant de renverser cet édifice de calomnie, je dois faire connoître les deux hommes qui ont machiné ma perte, et qui ont cru la consommer avec de pareilles armes : ils ne se sont trompés que de temps; ils ont confondu le gouvernement de *Bonaparte* avec l'anarchie sanglante de *Robespierre*.

Le premier est un nommé *List*, qui a exercé, pendant quelque temps, les fonctions de commissaire du gouvernement près le canton de Spire. Terroriste célèbre, cet homme, qui est de la rive droite, parvint à gagner la confiance du commissaire Lakanal, assez connu pour que je sois dispensé de dire de lui mon opinion. A l'aide du pouvoir que lui donnoit sa place à Spire, l'allemand List, devenu magistrat françois, s'érigea en petit tyran dans le pays. Lorque j'y arrivai, tout trembloit à son nom, et, en vérité, le mal qu'il faisoit à ceux qui ne baissoient pas la tête sous son joug, justifioit assez la terreur des malheureux habitans du canton de Spire. Outre l'indignation que m'inspira le despotisme de ce tyranneau, je fus par devoir forcé de le réprimer. List me demanda un jour la permission d'entreprendre une spéculation qui lui auroit rapporté cent pour cent; elle consistoit à faire descendre en fraude des vins de Strasbourg pour la Hollande. Après lui avoir refusé nettement le passage de ces vins, je lui observai que, quand bien même je lui aurois accordé cette permission, les ennemis, qui bordoient la rive droite du Rhin, arrêteroient les bateaux. List eut la hardiesse de me répondre que ce n'étoient pas les ennemis qui le gênoient; qu'il en faisoit son affaire; qu'il connoissoit le rheingrave de Salm qui commandoit dans Philipsbourg, et qu'il étoit assuré d'obtenir son assentiment. J'avoue que la bienveillance de l'ennemi pour le terroriste List, excita mon étonnement et ma défiance. Je lui fis part de cet étonnement : Comment, lui dis-je, avez-vous pu gagner l'amitié de l'ennemi et des princes qui le commandent, vous que vos opinions exagérées ont signalé à leurs vengeances, vous qui avez travaillé à une révolution dans les états d'outre Rhin et particulièrement dans le Margraviat ? A cette observation il répondit avec audace : Suffit ; je suis assuré d'obtenir de l'ennemi tout ce que je voudrai. S'il n'avoit point été revêtu de fonctions publiques, je l'aurois fait, sur-le-champ, arrêter comme dangereux à la défense de la frontière qui m'étoit confiée. Voilà l'origine de l'animosité de cet homme contre moi ; je nuisois trop à ses projets pour qu'il ne mît pas tout en usage pour m'éloigner de ce commandement. Je me réserve, après mon jugement, de le signaler au gouvernement sous les rapports qu'il mérite, pour que ce traître en bonnet rouge soit revomi sur la terre qui l'a vu naître, et qu'il a voulu ensanglanter et couvrir de ruines.

L'autre fabricateur des accusations dirigées contre moi, est un nomme *Moré*. Quoiqu'il ait été, par la force de la vérité, obligé de rétracter ses calomnies, je n'en dois pas moins faire connoitre l'immoralité de cet homme. Il est, comme List, revêtu d'un caractère public ; il étoit commissaire du gouvernement près le canton de Mutterstadt. J'ai également interrompu les relations de ce traître avec la rive droite. Outre ce motif de haine, qui explique assez son acharnement, Moré a été déclaré faussaire et calomniateur par jugement authentique.

Tels sont les deux scélérats qui ont osé m'inculper ; c'est sur le dire de ces deux hommes que le commissaire Shée, maintenant conseiller d'état, a dirigé contre moi ses diatribes, en forme de plaintes au gouvernement.

Maintenant je parcourrai chaque chef d'accusation, je rapprocherai les témoignages qui leur sont relatifs, et, quoique ma justification s'établisse péremptoirement par l'instruction même faite à charge, j'ajouterai quelques éclaircissemens qui achèveront de répandre un jour honorable sur toutes les parties de ma conduite.

Je veux surtout donner un soin scrupuleux à présenter chaque chef d'accusation appuyé de toutes les pièces à charge qui ont été adressées par les commissaires List et Moré, mes dénonciateurs acharnés, au commissaire Shée à Mayence; ensuite par ce dernier au ministre de la guerre; puis, enfin, par le ministre au rapporteur. En effet, plus une accusation fausse est énoncée avec exactitude dans tous ses points et accessoires, plus la justification acquiert de force par les démentis nombreux qui lui sont opposés.

Le premier chef d'accusation, savoir, des exactions, concussions, extorsions, faites à main armée par moi sur les malheureux habitans du Palatinat de la rive gauche, par le moyen des réquisitions en chevaux et voitures, est appuyé sur une dénonciation de Moré à l'administration centrale du Mont-Tonnerre, en date du 21 Floréal. Cette date est précieuse pour indiquer la manœuvre concertée entre Moré et son ami List; la dénonciation de ce dernier est du 22 Floréal.

Dans sa dénonciation, Moré, après avoir qualifié ma conduite d'*abominable*, après avoir dit que *cet homme* (c'est moi dont parle l'honnête Moré) *se permet des bassesses qui sont au-dessous de la dignité d'un simple charretier*, articule :

„ Que j'ai reçu 9 louis des agens des communes de Bœhl „ et Iggelheim, pour leur permettre de ramener dans leurs „ villages les chevaux que j'avois requis pour le service de „ mon artillerie, et que je ruinois les chevaux requis en les „ attelant à ma voiture pour me promener. „

Comme les faits articulés par Moré et son confrère List sont en grand nombre, je crois qu'il convient, immédiatement après en avoir énoncé un, dans les térmes même du dénonciateur, de lui opposer le résultat de l'information à charge, qui seule suffit pour les détruire.

Les citoyens Diehl, agent de la commune de Bœhl, et Klamm, agent de celle d'Iggelheim, ont été entendus comme témoins pardevant le rapporteur. Tous deux donnent un démenti au commissaire Moré sur tout le contenu de son procès-verbal. Ils affirment que jamais ils n'ont dit à Moré, ni à personne, qu'ils eussent donné 9 louis au général Thüring; que jamais ils n'ont dit à Moré, ni à personne, que leurs chevaux fussent ruinés en revenant du parc d'artillerie, parce que cela est faux. Diehl est celui qui a remis les 9 louis. Eh bien, il affirme qu'il a remis cette somme à un individu qu'il ne connoissoit pas, lequel lui promit, moyennant cet arrangement, de remplacer leurs chevaux au parc de l'artillerie : Diehl, à qui j'ai été confronté en présence du rapporteur, a déclaré, avec l'accent de l'indignation contre les calomnies de Moré, qu'il n'avoit jamais eu l'honneur de me voir et de me parler.

Voilà donc une dénonciation matériellement fausse, honnête Moré ! j'en prends acte, et j'appellerai sur votre tête les peines de la loi. Mais, me dira-t-on, si vous, général, vous ne receviez pas vous-même cet argent, vous étiez le complice présumé de celui qui le recevoit, puisque vous ne l'avez pas puni. Tout à l'heure on sera convaincu que j'ignorois l'avidité des subalternes qui m'environnoient, lorsqu'on verra comme j'ai traité un de ces hommes, sur l'avis qui m'en a été donné.

A ce sujet je dirai, pour n'y plus revenir, que tous ceux qui ont fait la guerre savent qu'on ne s'adresse jamais au général pour obtenir d'emmener un ou plusieurs chevaux servant au nombre de ceux requis; c'est aux conducteurs du parc que les paysans adressent les demandes de cette nature. La partie des chevaux de réquisitions a toujours donné lieu à des extorsions de la part des subalternes chargés du service des transports auxiliaires ; mais jamais on a eu l'impudence d'attribuer au général l'avidité des conducteurs et des charretiers d'artillerie. Il est de notoriété que la plupart de ces hommes reviennent à la fin de la campagne gorgés d'or, fruit de leurs rapines sur le paysan, qu'ils rançonnent avant de l'obliger.

Moré, dans la même dénonciation du 21 Floréal an 8, articule :

„ Que le général Thüring entra un jour dans les écuries „ du parc d'artillerie à Mutterstadt; que là il demanda six „ francs par cheval à deux hommes du village d'Assenheim, „ nommés Kohr et Bertellmann; que le général leur déclara „ que, moyennant cette rétribution, il leur permettroit d'em- „ mener leurs chevaux; que ces deux hommes, lui ayant „ déclaré qu'ils n'avoient pas assez d'argent, lui offrirent „ deux florins par cheval; ce que le général accepta. Quelle „ infamie ? „

Est-ce bien moi qui suis contraint de répondre à de

pareilles imputations ? Leur indécence, leur puérilité, n'auroient-elles pas dû suffire pour en démontrer la fausseté ? Quand respectera-t-on le grade d'un officier général ? quand respectera-t-on la victoire et les services ? Ministre de la guerre, vous m'avez fait bien du mal ; mais ce qui m'humilie le plus, c'est d'être placé dans la nécessité de prouver que je n'ai pas reçu deux florins par cheval de deux pauvres paysans qui ne pouvoient élever leurs largesses jusqu'à six francs.

Ces deux paysans du village d'Assenheim, Kohr et Bertellmann, ont été entendus pardevant le chef de bataillon rapporteur. Eh bien, ils donnent, comme les précédens, un démenti formel au commissaire Moré : ils disent que ce n'est point dans l'écurie qu'ils ont donné à un individu en habit bourgeois deux florins par cheval; que jamais ils n'ont vu le général ; que jamais ils n'ont parlé au général. Je leur ai été confronté : même expression d'indignation contre les calomnies de Moré. Je prends itérativement acte de fausse dénonciation contre cet homme déhonté. Je ne me donnerai pas la peine de prouver ma non-complicité avec le subalterne qui a reçu les deux florins. J'ai répondu, une fois pour toutes, à toutes les extorsions des subalternes. Parmi mes camarades, aucun ne demandera de justification sur une pareille calomnie.

Moré, toujours dans sa dénonciation du 21 Floréal, articule: „ que plusieurs paysans de la commune de Mundenheim „ ont été chez le général Thüring, pour le prier de leur „ accorder la permission de retourner chez eux avec leurs „ chevaux ; qu'alors ce général a exigé six francs pour chaque „ cheval ; que ces paysans lui ont donné chacun leur écu „ dans la main, mais qu'ayant compté, le général en trouva „ un de moins ; qu'un paysan, nommé Fundum, répondit, „ c'est le mien qui manque, le voilà ; qu'alors seulement il „ leur fut permis de partir avec leurs chevaux. „

Mis à part l'invraisemblance d'une conduite aussi vile dans un officier général, qui ne croiroit au moins qu'avec le ton simple de Moré il a consigné dans son procès-verbal le dire exact des paysans. Eh bien, tous ces paysans, Fundum et les autres, au nombre de sept, ont été entendus pardevant le rapporteur, et m'ont été confrontés. Tous donnent un démenti formel à la dénonciation de Moré; tous déclarent qu'ils ne m'ont ni vu ni parlé, et qu'ils ignorent quel est l'individu qui a reçu leur argent. Fundum, nommé par Moré comme m'ayant remis lui-même dans la main l'écu que j'avois trouvé manquant dans le compte, a fait au rapporteur une déclaration, laquelle, par son opposition avec le langage que Moré lui a fait tenir dans son procès-verbal dénonciateur, donne une idée effrayante de l'impudence de ses calomnies.

Fundum a donc déposé qu'il est faux qu'il ait jamais parlé au commissaire Moré, ni à aucun autre, de son écu de six francs qui manquoit dans la somme donnée par ses camarades; que lui n'a jamais rien donné devant ses camarades; qu'il étoit seul lorsqu'il donna deux florins à un individu qu'il ne connoissoit pas, et qui lui fit rendre son cheval; qu'un mois après, se trouvant à Frankenthal avec l'agent de la commune, le citoyen Metzner, ils virent descendre de voiture le général Thüring; qu'alors l'agent lui demanda si c'étoit là le général à qui il avoit donné ses deux florins pour emmener son cheval; qu'il répondit que ce n'étoit pas lui; que l'agent aborda le général Thüring pour lui porter plainte de cette exaction; que le général témoigna sa surprise et son indignation, en disant qu'il voudroit bien connoître ceux parmi ses gens qui se permettoient ces exactions; que là-dessus le général tira de sa poche un écu de six francs, et le donna à lui Fundum, en lui disant que, s'il s'étoit adressé à lui général, il ne lui en auroit rien coûté.

L'agent Metzner a aussi été entendu par le rapporteur. Sa déposition, en confirmant la vérité de la précédente, ajoute une circonstance à la scène qui se passa entre lui, Fundum et moi, à Frankenthal, lorsque je descendois de ma voiture; c'est qu'apprenant que le coupable de cette exaction étoit un de mes domestiques, je le chassai sur le champ, en le menaçant de le faire arrêter s'il reparoissoit devant moi.

Je prends acte de ce troisième faux matériel, contenu dans la dénonciation de Moré.

Je n'ai plus qu'un fait à relever dans la lettre du commissaire Moré à l'administration centrale du département du Mont-Tonnerre, c'est que j'employois les chevaux de réquisition à conduire ma voiture. Oui, je l'ai fait, toutes les fois que mes chevaux, épuisés par des marches et des contre-marches, ne pouvoient conduire ma voiture; et en cela j'ai fait ce qui m'étoit permis, ce que tous les généraux font et ont le droit de faire.

J'ai épuisé toutes les calomnies de Moré. Si je ne croyois pas qu'il importe à la société de la débarrasser de pareils scélérats, je dédaignerois de poursuivre par les peines de la loi un homme aussi vil; je craindrois qu'on n'aperçût une vengeance dans ma poursuite. Mais mon exemple suffit pour prouver de nouveau que la fausse dénonciation est un des crimes qui trouble le plus l'ordre social et qui fait le plus de victimes. Quelle réparation, quel dédommagement un Moré peut-il me donner pour tous les chagrins dont ses calomnies m'ont accablé? Ce n'est donc pas pour obtenir de lui des réparations impossibles que j'appellerai sur sa tête la peine du talion, prononcée par le code pénal contre le crime de fausse dénonciation, c'est afin que, flétri de nouveau par un jugement solemnel, il ne puisse plus faire de victimes.

Parmi les pièces à charge contre moi, envoyées par le ministre de la guerre au rapporteur, il n'y a que la dénonciation de Moré, dont je viens de transcrire fidèlement les inculpations, qui parle du premier chef d'accusation, les réquisitions de chevaux et voitures employées par moi comme moyen d'exaction. J'ai confondu la calomnie sur ce premier chef; j'attaquerai avec le même succès les trois autres chapitres d'imputations.

Le deuxième chef d'accusation est „ d'avoir parcouru les „ communes desdits départemens avec la force armée, exigé „ d'icelles de fortes sommes d'argent, et surchargé de troupes „ celles qui ne se rachetoient pas. "

Tous les faits controuvés qui viennent à l'appui de ce second chef d'accusation se trouvent dans le procès-verbal du commissaire List, en date du 22 Floréal. J'ai déjà observé que la date de la dénonciation de Moré étoit le 21 Floréal. Ainsi les coups que ces deux scélérats, qui redoutoient également ma présence, vouloient me porter, ont été préparés de concert.

Pour le procès-verbal de List, comme pour la lettre dénonciatrice de Moré, je transcrirai fidèlement tout ce qui est imputation relative au deuxième chef d'accusation; et, pour y répondre, je me contenterai d'opposer les dépositions nombreuses des prétendus témoins oculaires des faits par lui allégués. Si cette marche n'est pas celle de la vérité et de l'innocence, je ne connois plus de manière sûre de repousser le mensonge et la calomnie.

List, dont l'animosité contre moi a été expliquée plus haut, dit dans son procès-verbal :

„ Que le citoyen Vangerichten, agent de la commune de „ Mechtersheim, lui a déclaré que, le 12 Floréal courant, le „ général Thüring est arrivé dans sa commune, accompagné „ d'un chef de bataillon d'infanterie, de plusieurs autres „ officiers et d'une escorte de cavalerie; qu'il lui a annoncé „ tout seul qu'il alloit établir là son quartier-général, et „ qu'il y feroit cantonner 1068 hommes d'infanterie et un „ escadron de cavalerie; que lui déclarant lui fit des repré- „ sentations, en lui observant que sa commune étoit trop „ épuisée, et qu'elle avoit considérablement souffert par sa „ proximité de Philipsbourg; que pour ces raisons il sup- „ plioit le général de la ménager, si toutefois les opérations „ militaires le permettoient; qu'à toutes ces doléances le „ général répondit, si vous êtes honnête, je le serai aussi à „ mon tour; qu'alors le déclarant répliqua qu'il viendroit le „ lendemain chez le général à Spire; mais que, n'ayant pas „ tenu sa parole, le général lui adressa la lettre ci-jointe „ sous le N.° 2, laquelle prouve que la première est véri- „ tablement écrite de la même main.

„ Que Bolander, receveur de la même commune, partit, „ sur l'invitation de l'agent Vangerichten, pour voir le „ général à Spire; qu'il lui remit, pour gagner sa bienveil- „ lance et obtenir l'exemption du logement des troupes an- „ noncées, sept écus de six francs; que le général s'en „ contenta, et qu'il combla Bolander d'honnêtetés pour cette „ gratification. „

Voilà une accusation qui, dans le style du dénonciateur List, paroît bien précise. Vous vous étonnerez de l'impudence de ce scélérat, lorsque vous aurez lu les dépositions faites pardevant le rapporteur par les deux témoins appelés à charge, Vangerichten et Bolander.

J'observerai que les seules dépositions dont je fasse usage

pour repousser la calomnie, ont été faites par des témoins à charge, assignés comme tels par le rapporteur, et indiqués par mes deux dénonciateurs, List et Moré. J'ai dédaigné de faire entendre un seul témoin à ma décharge. J'ai dans les mains cent lettres écrites par les communes de ce malheureux pays que l'on a prétendu avoir été concussionné par moi, dans lesquelles une foule d'habitans, tant de la rive gauche que de la rive droite du Rhin, m'offrent de venir confondre par leurs bénédictions et l'expression de leur reconnoissance tous les mensonges de mes calomniateurs. Fort de la pureté de mes actions, je n'ai pas voulu déplacer ces hommes reconnoissans. J'ai compté avec raison que je trouverois, dans le dire même des hommes indiqués pour déposer contre moi, de quoi établir péremptoirement ma justification. Sous ce rapport mon espoir n'a point été déçu.

Vangerichten et Bolander déposent pardevant le rapporteur, qu'ils ont été contraints par List à faire les déclarations portées en son procès-verbal; qu'ils s'y sont long-temps refusés, mais qu'enfin ils ont cédé à ses menaces; que ces déclarations ne contiennent pas vérité, en ce que c'est à un homme beaucoup plus grand et plus jeune que le général Thüring, qui leur a été confronté, que le receveur Bolander a remis les sept écus de six francs. Quant aux deux lettres ou billets écrits par le général Thüring au citoyen Vangerichten, agent, ce dernier déclare qu'elles n'avoient aucun rapport à une somme exigée par le général; que la première ne parloit que de l'invitation que le général lui avoit faite de venir dîner chez lui à Spire, pour parler là d'un homme adroit que le déclarant lui avoit proposé comme capable d'aller sur la rive droite, savoir si la meilleure partie de la garnison de Philipsbourg avoit quitté cette forteresse pour rejoindre l'armée ennemie, nouvelle qui intéressoit beaucoup le général; que la seconde invite le déclarant à faire donner des vivres à vingt-quatre grenadiers; qu'il le fit avec plaisir; que le général offrit de lui payer le montant de ces vivres, ce que lui déclarant refusa.

Avec quel art perfide ce List avoit altéré des actions et des paroles aussi innocentes? Il croyoit que jamais ce procès-verbal ne feroit la base d'une procédure régulière; il croyoit que jamais les hommes qu'il faisoit parler ne seroient entendus contradictoirement à la dénonciation; il croyoit que les calomnies, appuyées par le commissaire Shée, suffiroient pour me déplacer; et c'étoit tout ce qu'il vouloit. Lorsque je lui ai été confronté, j'ai lu sa honte et son embarras sur son visage.

Mais quel étoit l'homme qui abusoit de mon nom pour commettre ces exactions? Je ne le sais pas; je ne les ai pas même soupçonnées Depuis quand un général répond-il des actions de tous ceux qui peuvent compromettre son nom et son autorité? Tous mes camarades conviendront que si, dans le désordre des camps, une pareille jurisprudence étoit suivie, il n'y auroit pas un seul général qui ne pût être inculpé. Pourquoi a-t-on établi les ordres par écrit, les consignes par écrit, les réquisitions par écrit? c'étoit afin de rendre personnelles les bonnes et les mauvaises actions. Mais donner un plus long développement à cette idée, ce seroit insulter à la raison de ceux qui me liront. J'ai cru aussi qu'il étoit inutile d'observer qu'un général qui voudroit commettre des exactions, des concussions, les proportionneroit, quant à la somme d'argent exigée, à l'importance du service qu'il rendroit aux communes payantes; que l'avidité étant le seul mobile de cet homme coupable, il ne recevroit pas sept écus de six francs, ou quarante-deux francs, pour exempter une commune du logement de 1065 hommes d'infanterie et d'un escadron de cavalerie. Il n'y auroit aucune proportion entre une exemption aussi forte et une somme aussi mesquine; l'avidité calcule mieux ses exactions. Il est donc évident que ces écus ont été donnés à un subalterne, qui aura impudemment promis sa protection.

List continue dans son procès-verbal à dénaturer les dires qu'il devroit énoncer avec exactitude : dès qu'une somme a été extorquée par une personne de la troupe sous mes ordres, il articule avec audace que c'est à moi que cette somme a été donnée. List consigne donc dans ce qu'il appelle son procès-verbal :

„ Que le citoyen Michaux, agent de la commune de „ Schifferstadt, a donné au général Thüring *trois louis* d'or, „ dont ils étoient déjà convenus auparavant, pour que sa „ commune fût exempte du logement de quatre compagnies „ de 250 hommes; que, quelques jours après, ce même

„ général est venu chez lui, et, sous la promesse de favo-
„ riser à l'avenir sa commune, *il lui a encore extorqué un louis.* "

A l'appui du dire de Michaux, List a recueilli la déclaration de Mayer, receveur des deniers communaux à Schifferstadt; elle porte:

„ Que l'agent Michaux lui a demandé le remboursement
„ de quatre louis d'or, qu'il prétendoit avoir donné pour
„ gratification au général Thüring. "

Pour détruire la calomnie de List, je n'ai qu'à opposer au dire altéré de List dans ce procès-verbal, le dire de ce même homme consigné dans sa déposition faite au greffe du conseil de guerre pardevant le rapporteur.

L'agent Michaux déclare donc à la justice qu'il a été contraint par les menaces du commissaire List, qui l'a envoyé chercher dans son village par un gendarme, à faire le rapport consigné dans le procès-verbal du 22 Floréal; mais que ce rapport ne contient pas vérité, en ce que, par la confrontation, il est convaincu que ce n'est point au général Thüring qu'il a remis les quatre louis; que celui qui les a reçus étoit plus grand, plus gros, et plus noir de figure.

Maintenant réfléchissons sur la conduite astucieuse de ce List, qui vouloit éloigner un général dont la présence le gênoit dans son double projet de tyrannie et de trahison. S'il avoit cherché la vérité de bonne foi, il auroit dit aux agens de commune et aux paysans qui se plaignoient d'avoir donné de l'argent pour gagner la bienveillance du général Thüring: mais êtes-vous bien sûrs que ce soit au général lui-même que vous ayez remis cet argent? le connoissez-vous, le général? avant d'affirmer que c'est lui, assurez-vous bien que vous n'avez pas pris un autre pour lui. Si le commissaire List leur eût tenu ce langage, ils auroient senti le besoin de connoître la figure du général, avant de faire toutes leurs déclarations. Mais, loin de là, dès que List apprenoit qu'un paysan ou un agent avoit été rançonné par quelqu'un de la troupe du général Thüring, il le faisoit venir, le menaçoit hautement s'il n'accusoit pas le général, le rassuroit sur la crainte d'affirmer ce qu'il ne savoit pas, et il parvint ainsi à composer un procès-verbal accusateur contre moi.

Au reste, une remarque qui n'échappera pas aux bons

esprits qui me liront, c'est que parmi un aussi grand nombre de témoins, tous indiqués par les deux dénonciateurs List et Moré, tous assignés par le rapporteur pour déposer à charge contre moi, il n'y en a pas un seul qui affirme que j'aie reçu une somme, grande ou petite; et cependant, d'après les récits mensongers de List et de More, qui me font parcourir les écuries des chevaux de requisitions pour demander un écu de six francs par cheval aux paysans qui vouloient les emmener, il n'auroit pas été difficile de trouver de nombreux témoins de ma turpitude. Ce n'est pas seulement sur le fond de la calomnie, sur l'action de donner de l'argent au general Thüring lui-même, que tous les témoins à charge donnent un démenti formel à mes deux dénonciateurs; leur dementi porte également sur les circonstances accessoires de leur narration controuvée. Moré me fait voyager dans les écuries pour exiger mes exactions; tous les témoins déclarent qu'ils n'ont jamais rien payé dans les écuries.

Je ne veux pas pousser plus loin l'examen de ces dégoûtantes narrations. Le lecteur est aussi fatigué que moi de l'indecence, de la puérilite des exactions que l'on prête à un officier général qui a quelque sentiment de la dignité de son grade.

List et Moré, vous êtes deux faux dénonciateurs; je dois à la vindicte publique, plus qu'à ma vengeance personnelle, d'appeler sur votre tête les peines de la loi; je le ferai: vous êtes sur l'extrême frontière deux traitres dangereux, parce que vous n'avez de françois que la cocarde; je vous démasquerai aux yeux du gouvernement.

Toutes les autres pièces à charge, adressées par le ministre de la guerre au rapporteur, sont ou des lettres d'envoi qui ne font que répéter les allégations contenues dans les deux dénonciations que je viens de détruire, ou des lettres insignifiantes d'agens qui n'articulent aucun fait. Rien ne venant à l'appui du deuxième chef d'accusation, je passe au troisième, lequel est ainsi conçu :

„ Le général Thüring est accusé de s'être fait payer depuis „ trois jusqu'à douze francs, pour la délivrance illicite de „ passe-ports pour aller outre Rhin, et d'avoir, à cet effet, „ etabli un bureau de perception à son profit, dans la com- „ mune de Mundenheim. „

Sur ce troisième chef d'accusation List et Moré n'ont point étendu leurs calomnies. Les rôles ont été partagés. C'est un personnage plus important par sa place, et plus respectable par la réputation d'honnête homme dont il paroît jouir; c'est le commissaire du gouvernement dans les quatre départemens réunis de la rive gauche du Rhin, c'est le citoyen Shée, qui se charge de dénoncer ce troisième chef d'accusation. Vous croyez qu'en accusant un officier général d'avoir, lui-même, reçu de l'argent pour la délivrance des passe-ports, il a dans les mains les dépositions de plusieurs personnes qui auroient payé cette exaction au général lui-même. Pas du tout; le citoyen Shée n'est pas aussi difficile en accusation. C'est sur *la clameur publique* qu'il se permet d'articuler un fait grave. Commissaire Shée, vous ressemblez beaucoup à l'homme passionné et injuste qui, lorsqu'on lui demande un seul témoin du fait qu'il allégue, répond : j'en ai mille. Je sais que vous n'avez été que l'instrument des hommes dangereux qui vous environnoient; mais la foiblesse n'est point l'excuse de l'injustice dans un homme revêtu d'une grande place. Vous voyez, par le mal que vous m'avez fait gratuitement, combien la foiblesse est nuisible. Je désire que vous ne rencontriez pas dans les autres la même disposition à croire légèrement ce qui est blâmable. Vous pourriez un jour vous trouver la victime de cette barbare crédulité.

Ce troisième chef d'accusation, appuyé ainsi sur la clameur publique par le commissaire Shée, n'a pas paru avoir des bases suffisantes pour le rapporteur, plus sévère et plus ami de la vérité. Pour parvenir à connoître la vérité sur le fait des passe-ports, il a fait assigner plusieurs habitans de la commune de Mundenheim, où, suivant le dire du commissaire Shée, mon bureau de perception devoit être établi; il a fait encore assigner ceux des habitans dans les communes voisines, que leurs affaires de commerce devoient appeler souvent sur la rive droite.

Or, voici quel a été le résultat de cette instruction sévère sur le fait des passe-ports vendus par moi, trois livres, six francs et douze francs. Tous ont déclaré à la justice que jamais ils n'ont rien payé au général pour les passe-ports qu'il leur délivroit; qu'ils donnoient quelques kreutzers aux commis et secrétaires qui les expédioient; que, dans le bureau du commandant de Frankenthal, les secrétaires et commis recevoient la même gratification; que jamais les déposans n'ont regardé cet usage comme une exaction, et qu'ils ne s'en sont jamais plaints.

Les témoins de la commune de Mundenheim ont affirmé qu'il n'y avoit jamais eu un bureau de perception pour les passe-ports, établi parmi eux; qu'ils n'en ont point eu connoissance, et que cette allégation est de toute fausseté. Un grand nombre de témoins déclarent que, toutes les fois qu'ils m'ont demandé un passe-port pour la rive droite, ils l'ont obtenu sans même payer un sou à mes commis et secrétaires qui ne demandoient jamais rien.

Que ne m'a-t-il été permis de transcrire tous les témoignages d'estime et de reconnoissance qui sont consignés dans le procès-verbal du rapporteur de la part des bons habitans du Palatinat? Mais j'aurois donné à mon mémoire une étendue fatigante pour ceux qui auront la volonté de me lire avant de me juger. Je me contenterai d'en extraire quelques expressions.

Jean Schmitt, ex-agent de la commune de Mechtersheim, et maintenant adjoint au maire de la même commune, après avoir donné un démenti à toutes les calomnies proférées contre moi, déclare au rapporteur (ce sont ses expressions):

„ Qu'au contraire il n'a que des louanges à donner au „ général Thüring pour la bonne discipline et le bon ordre „ qu'il a constamment maintenus pendant tout le temps qu'il „ a commandé dans les environs; que, depuis huit ou neuf „ années que le déposant est en fonctions, et surtout depuis „ la guerre, il n'a point encore vu d'officier général qui se „ soit aussi bien comporté sous tous les rapports. „

Toussaint, receveur de l'hospice civil à Spire, après avoir nié qu'il y eût un bureau de perception établi à mon profit par moi-même pour la délivrance des passe-ports, déclare au rapporteur:

„ Qu'en sa qualité de receveur de l'hospice civil de Spire „ il avoit une coupe de foin à vendre sur la rive droite, „ cet établissement ayant une partie de ses revenus outre „ Rhin; qu'en demandant au général Thüring un passe- „ port, il lui fit part du motif de son voyage; qu'aussitôt

„ ce général, plein d'humanité, lui donna une lettre de recom-„ mandation pour la commission palatine résidant à Mann-„ heim; que, muni de la recommandation d'un général qui, „ pour son désintéressement dans le pays ennemi, jouit là „ de la plus haute considération, lui déposant fut très-bien „ accueilli de la régence, laquelle lui permit de vendre sa „ récolte et d'en emporter le produit qui se montoit à plus „ de 4000 francs; que, sans la recommandation du général, „ ce produit auroit été séquestre, attendu que les François „ en font autant pour eux sur la rive gauche. „

M. Ael l, conseiller intime du prince-évêque de Spire, déclare au rapporteur:

„ Que le général Thüring, loin de demander des contri-„ butions dans le pays, a refusé toutes les sommes qui lui „ ont été offertes. „

Le citoyen Geib, ex-agent et maintenant maire de la commune de Lambsheim, déclare au rapporteur:

„ Que les passe-ports ont toujours été délivrés gratis; que „ le général Thüring s'est toujours conduit de la manière „ la plus distinguée sous tous les rapports, et qu'avec le peu „ de troupes qu'il commandoit il a fait par son activité, „ que l'ennemi a toujours été trompé dans ses opérations. „

M. Laval, prévôt d'Essingerhoff, déclare pardevant le rapporteur que, „ tant que le général Thüring a com-„ mandé dans son pays, loin d'exercer des vexations et „ exactions, il a eu les plus grands ménagemens pour ses „ malheureux habitans; qu'il a fait observer à la troupe sous „ ses ordres la discipline la plus louable; qu'il a su, par ses „ talens militaires, attirer l'ennemi de la forteresse de Phi-„ lipsbourg, lui couper la retraite, le battre et lui faire au „ moins quinze cents prisonniers; qu'il ne s'est jamais élevé „ une plainte contre ce général; qu'au contraire le pays lui „ est entièrement dévoué, et le comble de bénédictions pour „ son humanité. „

M. Hoffmann, bourguemestre du village de Hockenheim, déclare pardevant le rapporteur:

„ Que les habitans de son pays, loin d'élever une seule „ plainte contre le général Thüring, lui ont voué leur estime „ pour sa justice et son humanité, et qu'ils ne l'oublieront „ jamais; qu'il est chargé par ses compatriotes de déclarer en

„ leur nom devant qui de droit, qu'ils sont disposés tous „ a lui donner les plus grands témoignages de leur recon- „ noissance partout où besoin sera ; que lui déposant a „ remarqué de rares talens militaires dans ce général, notam- „ ment dans une fausse retraite qu'il fit pour attirer l'en- „ nemi hors de la forteresse de Philipsbourg, auquel il „ coupa la retraite, le battit, et lui fit au moins quinze cents „ prisonniers. „

Plusieurs employés des douanes ont aussi été entendus sur le fait des passe-ports. Tous déclarent qu'il n'y a jamais eu de bureau de perception établi par le général Thuring à son profit; que jamais les voyageurs n'ont élevé une plainte; qu'au contraire tous se louoient du désintéressement du général; que Moré est venu les tourmenter pour leur faire signer une dénonciation contre le général sur ce fait des passe-ports; qu'ils ont chassé avec indignation ce dénonciateur faux et impudent. La surabondance de preuves irrésistibles de ma conduite louable dans les pays de mon commandement, tant sur la rive gauche que sur la rive droite, m'avoit fait oublier de relater les témoignages honorables d'un des cantons les plus importans, celui de Spire. Par estime pour les hommes honnêtes qui ont cru devoir rendre hommage à mon désintéressement et à toutes les parties de ma conduite à l'égard de leurs administrés, je place dans les pièces justificatives, sous le n.° 6, la déclaration juridique de l'administration du canton de Spire.

Par la même raison de la surabondance des preuves que l'instruction même à charge a fournies pour mon entière justification, j'obliois également un fait qui démontre l'acharnement que mes calomniateurs ont développé pour réunir contre moi des dépositions. Croira-t-on que, dans toutes les communes de l'arrondissement de la sous-préfecture de Spire, on a eu l'impudence d'inviter au son de la cloche tous les habitans à venir faire des déclarations contre moi? Ce fait est consigné dans le procès-verbal même d'audition des témoins à charge, et dans les procès-verbaux existans au greffe des communes.

Des quatre chefs d'accusation argués contre moi, il ne m'en reste plus qu'un à détruire. Comme ce dernier, les permissions de jeux de hasard moyennant quarante louis, a dû avoir lieu à Mayence, je veux, avant d'abandonner les imputations relatives à la durée de mon commandement sur la rive gauche et la rive droite, donner à ceux qui me liront une idée de l'opinion que les habitans et les magistrats de Mannheim se sont formée de moi d'après ma conduite à leur égard. Puisqu'il a été permis à deux dénonciateurs flétris et dénoncés, de calomnier, pendant six mois, un officier général, il sera bien permis à ce dernier de mêler aux réponses victorieuses qu'il a opposées à leurs mensonges, l'expression de la reconnoissance et de l'estime d'une grande ville du pays ennemi, dans laquelle je suis entré par capitulation, et dans laquelle, usant du droit du vainqueur, j'aurois pu recevoir les présens que la crainte offroit à la victoire pour la désarmer et la fléchir. Plusieurs de mes camarades l'ont fait, et n'ont pas été mis en jugement.

Le rapporteur, voulant obtenir, de tous les points où j'avois commandé à l'époque des dénonciations faites contre moi, des renseignemens certains sur ma conduite à l'égard des habitans, crut qu'à Mannheim surtout, où j'étois entré par capitulation, il recueilleroit des faits à l'appui de mon avidité et de mes concussions. En conséquence, il invita *messieurs le baron de Reibeld, président de la commission palatine résidante à Mannheim, et Rupprecht, conseiller de régence et directeur de la ville de Mannheim*, à se transporter à Strasbourg, pour, par devant lui rapporteur, déclarer ce qui étoit à leur connoissance sur la conduite du général Thüring. Ils refusèrent de venir déposer à Strasbourg, en alléguant qu'ils craindroient d'offenser leur souverain, l'électeur palatin, s'ils obéissoient à la réquisition d'un juge étranger. Mais dans leur réponse au rapporteur, ils lui déclarèrent qu'ils étoient disposés à déposer devant un magistrat de Mannheim commis *ad hoc* tout ce qu'ils savoient sur le compte de ce général. Alors le rapporteur les invita à faire, de cette manière légale, leurs dépositions à Mannheim. Ces dépositions, en date du 23 décembre 1800, et revêtues de toutes les formes usitées dans le pays, ont été adressées au rapporteur. Lorsqu'avant de m'interroger il m'eut donné communication de toutes les pièces, tant à charge qu'à décharge, j'avoue que les témoignages d'estime et de haute considération des premiers magistrats d'une grande et belle ville firent une diversion agréable aux chagrins que les calomnies de List et de Moré m'avoient causés.

J'en donnerai l'extrait fidèle sur la copie certifiée conforme qui, à ma demande, m'en a été délivrée par le rapporteur. Les dépositions dont l'extrait suit, ont été faites à Mannheim pardevant M. Depréville, conseiller intime actuel, et conseiller effectif du commissariat général du Palatinat, nommé à l'effet de recevoir ces dépositions, par rescrit du 2 de ce mois, signé par son excellence le baron de Reibeld, président et commissaire extraordinaire.

Elles portent en substance que messieurs le baron de Reibeld et le conseiller Rupprecht déclarent „ que le général „ françois Thüring, ne s'est permis aucune vexation dans le „ pays de Mannheim; que les communes du Palatinat se „ ressouviennent avec plaisir de l'ordre et de la discipline „ que ce général a maintenus, ainsi que de son empres- „ sement à réprimer jusqu'au moindre excès; qu'il est „ faux que ce général ait demandé, exigé ou accepté des „ sommes d'argent, et qu'au contraire il a donné, par des „ procédés très-nobles, des preuves indubitables de son „ désintéressement; qu'il n'est pas vraisemblable qu'un géné- „ ral qui a mérité l'estime de la rive droite du Rhin, se „ soit oublié au point relaté dans les dénonciations, sur „ la rive gauche. "

J'oppose avec amour propre le témoignage honorable de ces premiers magistrats du Palatinat aux calomnies ridicules d'un List et d'un Moré; je ne crains pas qu'aucun des hommes honnêtes qui me liront, balance, après cette opposition, dans l'opinion qu'ils concevront de mon caractère et de ma conduite.

J'ai encore le quatrième et dernier chef d'accusation à détruire. Je me hâte de terminer cette tâche pénible.

„ Le général Thüring est accusé d'avoir, lorsqu'il com- „ mandoit à Mayence, donné la permission immorale de „ tenir des maisons de jeux de hasard moyennant une rétri- „ bution de sept cents francs par mois. "

C'est dans les lettres seules du commissaire Shée que ce délit m'est reproché; j'ai, pour le détruire jusqu'au soupçon, la déposition du banquier de jeu Clausius, faite pardevant le rapporteur. C'est cet homme, seul témoin, témoin nécessaire dans une accusation de ce genre, qui va répondre à mon accusateur Shée.

Il déclare donc à la justice : „ Qu'il a fait la connoissance du „ général Thüring par différens ouvrages d'orfévrerie qu'il „ fit pour lui, le déposant exerçant la profession d'orfévre; „ que ce général commandoit alors la place de Mayence; que „ lui déposant lui parla quelquefois des jeux de hasard qu'il „ avoit tenus lorsque les Autrichiens occupoient Mayence, et „ lui dit qu'à cette époque ils étoient publics et autorisés ; „ qu'il désireroit être autorisé à pouvoir les ouvrir de nou- „ veau, offrant de payer quarante louis par mois pour les „ bureaux militaires de la place ; qu'alors ce général répondit „ qu'il parleroit au général Hardi, sous les ordres duquel „ il commandoit; que, quelques jours après, le général lui „ déclara que le général Hardi ne vouloit point permettre „ ces maisons de jeu; qu'alors lui déposant n'avoit encore „ rien payé des quarante louis. "

„ Que, cinq à six jours après, le général Hardi quitta le „ commandement de la division, et fut remplacé par le „ général Leval ; que lui déposant pria le général Thüring „ de parler au général Leval pour lui obtenir la permission „ de tenir sa maison de jeu ; que le lendemain le général „ Thüring lui remit une lettre pour le général Leval; que „ ce dernier, en ayant pris lecture devant lui déposant, lui „ dit qu'il lui feroit réponse le lendemain ; que le lendemain „ le citoyen Bartholet, aide-de-camp du général Leval, eut „ avec le déposant un entretien à ce sujet ; qu'il observa au „ déposant, que quarante louis étoit une somme trop foible „ pour l'entretien de quatre bureaux militaires; que lui „ déposant répliqua que, pour plusieurs raisons qu'il dé- „ veloppa, il ne pourroit excéder cette somme; qu'alors „ l'aide-de-camp susnommé lui dit, de la part de son géné- „ ral Leval, qu'il pourroit ouvrir les jeux moyennant les „ quarante louis qu'il avoit offerts; que lui déposant ouvrit „ effectivement sa maison de jeux ; mais qu'au bout de neuf „ jours, la police de la ville fit saisir sa maison; qu'il fut „ traduit au tribunal correctionnel, et condamné à une „ amende; que, ni le général Thüring, qui avoit quitté „ Mayence huit jours avant cette catastrophe, ni le général

„ Leval, qui y étoit encore, n'avoient rien exigé de lui „ déposant, et qu'il ne leur a jamais rien payé. "

Commissaire Shée, êtes-vous satisfait de cette déposition?

Si vous vous étiez donné la peine d'examiner, d'entendre, avant d'accuser un officier général, vous n'auriez pas grossi de cette calomnie vos diatribes virulentes contre moi.

J'ai répondu à toutes les allégations; j'ai détruit tous les mensonges: mon innocence me paroît péremptoirement établie. Que ce mémoire justificatif me rende l'estime des généraux que je considère, la bienveillance du premier Consul, auquel je suis dévoué et dont je brûle de contribuer à affermir le gouvernement, et j'aurai bientôt oublié les calomnies d'un List et d'un Moré. Mon ame n'est pas faite pour les affections haineuses; je suis né pour aimer mes camarades et me battre contre les ennemis de mon pays.

Le Général de brigade,
THÜRING.

PIÈCES JUSTIFICATIVES.

N.° 1.

Au quartier-général à Hockenheim, le 24 Brumaire l'an 8, dix heures du soir.

Précis du dispositif d'attaque pour la brigade de droite.

DEMAIN 25, à deux heures du matin, la brigade exécutera les manœuvres suivantes;

SAVOIR:

Première position.

16.e de ligne. { Deux compagnies à Angelhaus, en avant de la ferme. Les grenadiers au bivouac du pont de la Kraichbach. Le reste de la demi-brigade en avant du village de Hockenheim.

12.e et 23.e Rég.s de cav.ie { Derrière le ravin qui est couvert de haies, au milieu de la plaine en avant de Hockenheim.

Le 2.e régiment d'hussards sur le front de ce village, passé le pont, sa gauche au bois de Reilingen.

L'artillerie légère sur le plateau, à la droite dudit lieu, qui domine les marais.

La compagnie de sapeurs, commandée par le capitaine Chantegay, suivie des voitures de planches et madriers, occupera le carrefour situé au milieu du bois de Reilingen.

Exécution et ordre de bataille.

A quatre heures et demie précises le chef de bataillon Rouville, commandant la 16.e de ligne, à la tête du troisième bataillon, des quatre dernières compagnies du deuxième et de ses trois compagnies de grenadiers, traversera le bois de Reilingen, fera précéder sa marche par les sapeurs qu'il rencontrera au carrefour, et se dirigera par le chemin qui, entre Reilingen et Neu-Lossheim, conduit à Waghæusel. Il passera la Kriegbach à l'endroit où cette rivière fait fourche; les sapeurs y jetteront des ponts à la hâte, dans le cas que ceux y existans aient été coupés. Dès que l'obstacle aura été franchi, le chef Rouville descendra avec la rapidité de l'aigle le cours de la Krieg, qu'il suivra jusqu'à ce qu'il soit arrivé sur la grande route de Philipsbourg à Mannheim. Il prendra de revers les batteries que l'ennemi a établies sur le pont de Neu-Lossheim, les redoutes et les ouvrages qui le défendent, se rendra maître de l'artillerie dont ils sont armes, et fera prisonniers tout ce qu'il trouvera d'ennemis.

Cette opération faite, il y laissera ses grenadiers et les quatre dernières compagnies du deuxième bataillon. Les premiers en colonne serrée en masse sur le pont, et les fusiliers placés sur l'élévation à côté de la route, et formeront hache avec la colonne des grenadiers. Ces sept compagnies sont destinees à couper la retraite à la cavalerie qui, par la stricte exécution de l'ordre, ne peut échapper.

Le troisième bataillon se portera rapidement sur Waghæusel, en suivant la deuxième allée du parc, à gauche de la grande route.

Dès que les deux premières compagnies du premier bataillon, détachées à Angelhaus, entendront la fusillade de la brigade de gauche, commandée par le général Joba, l'officier en avant la direction longera le Rhin et formera une fausse attaque sur Alt-Lossheim. Cette opération a le double objet de couvrir la droite, d'assurer ses communications, de masquer l'attaque sérieuse, et d'amuser les troupes ennemies réparties sur ce point.

Quatre compagnies du premier bataillon resteront en réserve avec les 12.e et 23.e régimens de cavalerie.

Les deux dernières compagnies de ce bataillon fouilleront les extrémités du bois et occuperont la lisière.

Le 2.e régiment d'hussards s'etablira derrière le ravin qui se trouve sur le chemin de Reilingen à Neu-Lossheim. Il exécutera son mouvement dès que l'infanterie s'ébranlera pour faire le sien, de façon que ce régiment, placé ainsi sur le flanc droit de l'ennemi, puisse au besoin charger la cavalerie par le flanc, s'il reste dans sa position, ou en croupe, si elle se laissoit attirer dans la plaine, tandis que le 12.e et le 23.e de cavalerie la chargeroient de front.

Dès que l'infanterie sera arrivée sur le pont, la cavalerie se portera en avant et suivra le mouvement de l'infanterie.

Les deux compagnies d'Angelhaus se dirigeront sur le pont et le cimetière d'Alt-Lossheim.

Une pièce légère sera détachée sur le cimetière d'Alt-Lossheim, et tirera à mitraille sur le pont, pour rendre ce point impraticable à la retraite des grenadiers hongrois postés dans ce village.

L'artillerie suivra la cavalerie.

Les quatre compagnies de gauche du premier bataillon suivront.

Les deux premières compagnies de ce bataillon se porteront sur Rheinhausen et assureront la communication.

La 16.e demi-brigade se reunira en avant du château de Waghæusel.

La cavalerie et l'artillerie, au grand trot, se dirigeront sur Oberhausen, feront prisonniers tout ce qu'elles rencontreront d'ennemis, et couperont la retraite à la réserve d'infanterie, qui est établie à Rheinhausen.

Les deux premières compagnies du premier bataillon de la 16.e suivront l'ennemi jusqu'à Oberhausen, où elles se jetteront dans les marais pour intercepter les communications avec la place de Philipsbourg.

Lorsque la partie du Rhin sera nettoyée de la présence des ennemis, les deuxième et troisième bataillons de la 16.e iront occuper les anciennes lignes du maréchal de Berwick; le 2.e d'hussards gardera la plaine entre Wiesenthal et le bois de sapins dit Engelwald, où ils attendront des ordres ultérieurs pour former la circonvallation dès que la brigade du général Joba sera en mesure d'y coopérer par sa réunion à la division.

Les chefs de corps sont personnellement responsables de l'ordre dans leurs troupes respectives. Ils feront observer le plus grand silence, et empêcheront l'établissement de feux autres que ceux servant habituellement aux bivouacs. Chaque bataillon requerra, pour être à sa suite, deux voitures garnies de paille pour recevoir les blessés, afin d'ôter aux soldats le prétexte ordinaire de conduire leurs camarades à l'ambulance. Il y aura pour chaque voiture une garde de quatre hommes, choisis dans les non combattans.

L'ambulance sera établie à Neu-Lossheim.

Le pillage et les mauvais traitemens envers les habitans paisibles des campagnes, victimes innocentes du fléau de la guerre, seront sévèrement punis.

Il est expressément recommandé à tous les chefs de corps de faire connoître à leur général tous les actes d'éclat qui pourroient honorer le nom françois et qui mériteroient une récompense.

Les prisonniers, l'artillerie et les bagages enlevés à l'ennemi, seront conduits à Hockenheim.

Le parc restera dans ce village.

Les chevaux pris seront conduits au quartier-général de la division.

Signé THÜRING.

N.° 2.

Au quartier-général à Strasbourg, le 8 Fructidor de l'an 8 de la République françoise, une et indivisible.

LECOURBE, lieutenant-général,

Certifie que, tandis que j'ai commandé l'armée du Rhin, j'ai été satisfait de la conduite qu'a tenue le général de brigade Thüring, surtout à la journée du vingt-cinq Brumaire, sous Philipsbourg, et pendant le blocus de cette place.

Signé LECOURBE.

N.° 3.

Copie de la capitulation de Mannheim, conclue le 14 Mai 1800, entre le citoyen général Thüring et M. le baron de Szenteresky, capitaine de cavalerie impériale.

M. le baron de Szenteresky, connoissant les malheurs que le fléau de la guerre a occasionnés depuis neuf ans à la ville de Mannheim, et ne voulant pas, par une defense qui seroit sans objet, exposer les habitans à de nouveaux désastres, s'est déteiminé, sur la proposition qui lui en a été faite par le citoyen général Thüring, à convenir des articles suivans pour l'évacuation de la ville de Mannheim

Art. I.er Toutes les hostilités cesseront entre les troupes respectives, à dater du moment de la signature de cette convention jusqu'à six heures du soir.

Rép. Les hostilités cesseront jusqu'à demain 25 Floréal six heures du matin ; il ne pourra en conséquence être commis d'agression de part et d'autre. En considération de la belle défense des troupes impériales, elles se retireront par la porte de Heidelberg et ne seront pas faites prisonnières.

Art. II. A cette heure ou plutôt, s'il le juge à propos, M. le baron de Szenteresky se retirera tranquillement avec le corps qu'il commande, et les troupes françoises prendront possession de la ville.

Rép. Accordé.

Art. III. Il est expressément convenu que les propriétés, tant seigneuriales que particulières, que la sûreté et la liberté des habitans de Mannheim seront scrupuleusement respectées, et qu'ils ne pourront être troublés dans la jouissance légale de leurs droits en aucune manière et sous aucun prétexte.

Rép. Il est dans le caractère de la nation françoise de respecter tous les peuples. L'armée aura pour les habitans de Mannheim les égards dont ils sont susceptibles ; il ne sera en conséquence rien changé aux us du pays. Le gouvernement de la ville restera entre les mains des magistrats qui en tiennent les rênes.

Art. IV. Le gouvernement civil du pays et de la ville, tel qu'il est établi, conservera l'autorité qui lui est attribuée, et les membres qui le composent seront protégés dans leurs fonctions.

Rép. Accordé, sauf le cas où l'autorité militaire devra ou sera forcée d'employer des moyens pour la sûreté de l'armée.

Art. V. Les différens cultes continueront à avoir, comme par le passé, leur plein et libre exercice.

Rép. Accordé.

Art. VI. Attendu que la ville de Mannheim, ainsi que la partie du Palatinat située à la rive droite du Rhin, ont fait des pertes immenses, et que tous les moyens sont depuis long-temps épuisés, les habitans, ainsi que tous les endroits, soit villes ou villages, dépendant du Palatinat, seront exemptés de toutes contributions et réquisitions.

Rép. Considérant les malheurs que les habitans de Mannheim ont éprouvés pendant la durée de la présente guerre, il ne sera établi aucune espèce de contribution nouvelle sur la ville. L'offre de fournir à l'armée cinq cents chemises et autant de paires de souliers, est acceptée, et ils devront être fournis dans le jour. Les magasins, munitions, canons, armes et bagages, appartenant à l'armée impériale, resteront en propriété à la république françoise. Les deniers appartenant à l'électeur Bavaro-Palatin seront versés dans le trésor de l'armée; il en sera délivré un récépissé, afin qu'aucune somme n'en puisse être détournée. Si aucuns des articles de la présente capitulation n'avoient pas toute la clarté qu'ils devroient avoir s'ils avoient été rédigés après avoir été mûris, ils seront toujours interprétés en faveur de la république françoise.

Fait triple, les jour et an que dessus.

Signé Thüring; Scenteresky, capitaine de hussards; baron de Reibeld, au nom de la commission palatine; Rupprecht, conseiller de la régence et directeur de la ville.

N.° 4.

La Commission palatine atteste, avec reconnoissance, que le citoyen général de brigade Thüring, pendant le court séjour qu'il a fait dans la ville de Mannheim, a développé et donné de nouveau des preuves infiniment estimables des sentimens nobles qui le caractérisent; qu'il n'a rien négligé pour maintenir l'ordre dans la ville et prévenir ou arrêter les excès dans la campagne, et qu'elle gardera soigneusement le souvenir de ses procédés, qui méritent de toute manière les plus grands éloges.

Mannheim, le 16 Mai 1800.

Signé Baron de Reibeld, chef de la Commission palatine; Dawant, Siegel, H. D. Mignes, Greyss, Freyherr von Fick, Depréville.

N.° 5.

Mannheim, le 29 Juin 1801.

La Commission palatine, au citoyen Thüring, général de brigade.

Nous apprenons par hasard, citoyen Général, que des envieux, ou des personnes mal informées, cherchent à répandre des nuages sur la conduite que vous avez tenue ici pendant le dernier séjour que les troupes françoises y ont fait. Guidés par la reconnoissance que nous devons, au contraire, à l'honnêteté de vos procédés, à votre désintéressement généreux, ainsi qu'aux sages précautions que vous avez prises pour prévenir ou arrêter les désordres, nous nous empressons de vous assurer que nous vous donnerons avec plaisir tous les moyens que vous jugerez propres à détruire les calomnies dirigées contre vous. En attendant, le certificat ci-joint, sur un fait particulier, vous prouvera la sincérité de notre parfaite estime et de notre très-haute considération,

Signé Baron DE REIBELD, chef de la Commission palatine.

N.º 5 *bis.*

COPIE d'une lettre écrite par la Commission palatine, au citoyen Moreau, *général en chef de l'armée du Rhin, à Augsbourg.*

Mannheim, le 10 Juillet 1800.

CITOYEN GÉNÉRAL,

La Commission palatine vous adresse, citoyen Général, l'expression de sa reconnoissance des procédés justes et humains que les généraux citoyens Laborde et Thüring, chargés de l'occupation de la ville de Mannheim et des environs, depuis deux mois, ont déployé envers les habitans d'un pays écrasé du poids de la guerre qui pèse, depuis huit années, sur leurs foyers et possessions.

Le général Thüring s'est conduit avec cette franchise loyale et désintéressée d'un vainqueur qui compatit aux malheurs de l'humanité, et qui sait allier ses devoirs aux sentimens de justice et de générosité. Il s'est pénétré de l'insuffisance des moyens de la ville de Mannheim, dont il peut se flatter d'être reconnu le protecteur, avec les sentimens ineffaçables de gratitude.

Des esprits envieux et jaloux du bonheur apparent de ce pays ont envenimé, par des calomnies viles, et des motifs mensongèrement supposés, la conduite du général Thüring, dont le départ ordonné occasionne les plus vifs regrets à tous ceux qui l'ont connu et qui ne cessent d'apprécier la délicatesse de ses procédés, en lui vouant une estime sans bornes.

La Commission palatine, justement alarmée des nouveaux desastres qui menacent ces contrées, sollicite de votre générosité, citoyen Général, les ménagemens particuliers pour la ville de Mannheim, destinée à l'échange des prisonniers réciproques, et ruinée par cette guerre désastreuse; elle vous supplie de vouloir bien fixer votre attention sur le sort des pauvres cultivateurs du Palatinat, et les recommande avec intérêt aux vues justes et bienfaisantes qui vous caractérisent.

Choisi comme organe de la Commission palatine près de vous, citoyen Général, pour exprimer ses vœux et prières, j'ose me flatter d'un accueil favorable de votre part; j'ai eu personnellement l'occasion heureuse, il y a trois ans, de me pénétrer des sentimens de sensibilité qu'au milieu des exploits victorieux vous n'avez point refusés aux êtres malheureux, ainsi que de la franchise généreuse que vous avez déployée en toute occurence; permettez, citoyen Général, que je me rappelle à l'honneur de votre souvenir, en vous reitérant mes sentimens d'attachement, de haute considération et du respectueux dévouement que vos vertus ne cessent de m'inspirer.

Signé Baron DE REIBELD, colonel et chef de la Commission palatine.

Pour copie conforme; signé B. DE REIBELD.

N.° 6.

DÉCLARATION de l'Administration municipale du canton de Spire, du 19 Messidor an 8.

L'Administration municipale du canton de Spire, s'étant réunie, cejourd'hui dix-neuf Messidor an huit, au lieu ordinaire de ses séances, à l'effet de délivrer un certificat de conduite au citoyen Thüring, général de brigade, et après que le citoyen Président a invité chaque Administrateur individuellement d'émettre son opinion à ce sujet; le citoyen Schwaab, adjoint de la commune de Spire, déclare que non-seulement il n'y a pas le moindre reproche à faire à la conduite du général, depuis qu'il commande dans ce canton, mais qu'au contraire ce dernier a rendu plusieurs services d'amitié à sa commune. Et a signé

SCHWAAB, adjoint.

Le citoyen Mohr, agent municipal de la commune de Harthausen, déclare, qu'il n'étoit jamais en connexion avec le général, et qu'il n'à connoissance d'aucun fait qui pourroit être préjudiciable à sa réputation. Et a signé

MOHR; agent.

Le citoyen Grundhœfer, agent de la commune de Hanhofen, déclare, qu'il ne connoît ce général autrement que pour un homme honnête, affable et amical. Et a signé

GRUNDHŒFER, agent.

Le citoyen Ackermann, agent de la commune d'Otterstadt, certifie que le général s'est toujours bien conduit à l'égard de sa commune. Et a signé

ACKERMANN, agent.

Le citoyen Zikgraf, agent de la commune de Waldsée, déclare, qu'il n'a qu'à se louer de la manière que le général s'est comporté dans toutes les occasions, envers lui et ses administrés. Et a signé

ZIKGRAF, agent.

Le citoyen Schmitt, agent de la commune de Berghausen, déclare, que la conduite du général à l'égard de sa commune, est irrépréhensible, et même digne d'éloges, ayant, dans toutes les circonstances, concilié les intérêts du bourgeois avec ceux du militaire, et lui ayant rendu plusieurs services sans aucuns intérêts. Et a signé

SCHMITT, agent.

Le citoyen Michaux, agent de la commune de Schifferstadt, déclare, qu'il n'a rien à reprocher à la conduite du général, s'étant toujours dignement comporté envers sa commune. Et a signé

MICHAUX, agent.

Le citoyen Kinscherf, agent de la commune de Duttenhofen, déclare que, ne connoissant pas le général, il ne peut rien dire, ni bien ni mal, sur sa conduite. Et a signé

L. KINSCHERF, agent.

Le citoyen adjoint Schweigert, de la commune de Heiligenstein, déclare qu'il ne sait rien contre le général. Et a signé

SCHWEIGERT, adjoint.

L'agent de la commune de Mechtersheim n'a point fait de déclaration, n'ayant pas été présent à la séance.

Ouï le commissaire du gouvernement substitut :

L'administration arrête, que copie du présent procès-verbal sera transmise au général de brigade Thüring, pour lui tenir lieu de certificat. Clos et arrêté en séance publique, les jour, mois et an que dessus. Signé : *Ignace*, président ; *Schwaab*, *Mohr*, *Grundhœfer*, *Ackermann*, *Zikgraf*, *Schmitt*, *Michaux*, *Kinscherf* et *Schweigert*, administrateurs ; *Gutting*, commissaire du gouvernement substitut ; et *Kohler*, secrétaire général.

Pour copie conforme ;

Signé : IGNACE, président ; et KOHLER, secrétaire général.

N.° 6 *bis.*

***Déclaration** de l'Agence municipale de la commune de Spire, du 18 Messidor an 8.*

Nous soussignés, membres composant l'agence municipale de la commune de Spire, certifions par les présentes, que le général de brigade citoyen Thüring s'est toujours bien comporté à l'égard de cette commune, et que nous n'avons pas le moindre reproche à faire à la conduite qu'il a tenue envers nos administrés.

Fait à Spire, à la maison commune, le 18 Messidor an 8.

Signé Freytag, agent.

N.° 7.

Mutterstadt, le 15 Messidor, an 8 de la République française, une et indivisible.

Le commissaire du gouvernement près l'administration municipale du canton de Mutterstadt, à l'administration centrale du département du Mont-Tonnerre.

Citoyens Administrateurs,

Par ma lettre du 21 Floréal dernier, je vous ai instruis de plusieurs plaintes portées contre le citoyen Thüring, général de brigade, par des agens ou quelques particuliers de ce canton; et je m'empresse de vous écrire que j'ai trouvé, après avoir pris les renseignemens les plus exacts, qu'elles ne sont tout à fait telles comme elles ont été déposées.

L'agent de la commune de Baehl persiste qu'il a donné, à un des employés du général, les neuf louis, mais qu'il ne sait pas si le citoyen général en a eu connoissance, ayant donné ces neuf louis en l'absence du général.

J'ai été hier à Assenheim, pour entendre la déclaration du citoyen Kohr, qui dit qu'il n'est pas vrai que le citoyen général est entré dans les écuries, demandant six francs par cheval; mais, au contraire, qu'il (Kohr) est allé chez le citoyen général plusieurs fois, pour obtenir la permission de retourner chez eux avec leurs chevaux, et qu'enfin il a offert d'argent au citoyen général, et qu'après que le général avoit signé la permission demandée, il avoit mis sur la table quatre florins, tout en présence du citoyen Christophe Weiss, habitant d'Alsheim. J'ai fait venir après ce citoyen, qui persistoit, qu'il ne savoit rien, et qu'il n'a pas vu que ledit Kohr avoit donné d'argent au citoyen général.

Quant à l'affaire du citoyen Fundum, de Mundenheim, il s'a trouvé que celui a pris un des domestiques du général pour le général même, et que toute la scène dont je vous ai donné connoissance par ma lettre précitée, a eu lieu entre lui et un des domestiques du général.

Il paroît que toutes les dénonciations portées contre le citoyen Thüring, général de brigade, tombent sur ses domestiques, et que ceux-ci lui ont causé le désagrément d'avoir été dénoncé de tout côté.

Salut et respect.

Pour extrait conforme du registre de correspondance;
Le commissaire du gouvernement; *signé* PH. MORÉ.

N.° 8.

EXTRAIT *de l'ordre de la première division, commandée par le général Thüring.*

Au quartier-général à Waghæusel, le 30 Vendémiaire de l'an 8.

Le général témoigne aux braves de la division qu'il commande sa satisfaction particulière pour la bonne contenance qu'ils ont faite dans l'attaque de cette nuit, qui, par leur courage et leur sang froid, a tourné à la honte de l'ennemi qui, quoique supérieur en force et en artillerie, a été vigoureusement repoussé et battu sur tous les points où il a osé se présenter; beaucoup des siens sont restés sur le champ de bataille, parmi lesquels un major. La division a fait quelques prisonniers.

L'ennemi, profitant des ténèbres de la nuit, espéroit surprendre la division; mais ses cantonnemens étoient couverts par des postes dont l'intrépidité et la surveillance étoient éprouvées par dix ans d'expérience. L'officier qui les commandoit a préféré une mort glorieuse à une transaction ignominieuse. Il fut trouvé baigné dans son sang, percé de mille coups, le mot d'ordre mâché entre ses dents. Ses soldats ont fait une retraite honorable et brûlé leur dernière amorce. Ces intrépides faisoient partie de la seizième de ligne. La division n'a d'autre perte à regretter que celle de cet estimable officier, qu'on peut avec raison appeler le *d'Assas moderne.*

Le général annonce à ses camarades, que l'armée d'Hollande a complétement battu les Anglo-russes.

Retour de BONAPARTE *en France.*

Voulant faire partager à la troupe les douces affections que son cœur éprouve, le général annonce à la division qu'il commande, que l'immortel BONAPARTE, guidé par son heureuse étoile et le génie de la France, a franchi l'immense intervalle qui le séparoit du continent, et qu'il est débarqué, avec tout son état-major, à Fréjus. Que ce nom cher parmi nous redouble notre courage ! Bonaparte va marcher de nouveau à notre tête. La victoire, fidèle à ses drapeaux, nous donnera la paix . . . . *Vive la République ! Vive Bonaparte !*

Signé THÜRING.

N.° 9.

(*Sur le fait des passe-ports.*)

A Frankenthal, le 15 du mois de Prairial, l'an 8 de la République françoise, une et indivisible.

STEINMETZ, *commandant la place de Frankenthal, au général de brigade Thüring, commandant la ligne du Rhin.*

MON GÉNÉRAL,

Je viens de recevoir votre lettre, par laquelle vous m'annoncez que l'administration municipale du canton de Frankenthal se plaint que je percevois des droits de passe qui deviennent onéreux pour leurs administrés. Cette dénonciation est aussi fausse que controuvée, attendu que je n'ai point outrepassé l'ordre que vous m'avez donné, qui étoit d'attacher mon *visa* aux passe-ports de la rive droite : je puis justifier ma conduite en produisant mon registre où tous les noms des particuliers avec es observations sont inscrits.

Je vous observe, mon général, que plusieurs personnes du canton de Frankenthal m'ont été adressées pour leur délivrer des passe-ports : je présume, d'après la démarche que l'administration fait, que c'est une amorce qu'ils ont voulu me tendre, à laquelle ils n'ont pas réussi.

Comme, depuis quarante-sept ans, j'ai servi avec probité et distinction, il m'importe de ne pas voir ma réputation flétrie, et je vous prie de vouloir me faire connoître mes délateurs, que je pourrai confondre facilement.

Salut respectueux.

Signé STEINMETZ.

N.° 9 *bis*.

Frankenthal, le 15 Prairial an 8.

Le général de brigade Thüring, commandant la ligne du Rhin, à l'administration du canton de Frankenthal.

J'ai reçu, citoyens administrateurs, votre lettre relative aux griefs que vous alléguez contre des particuliers qui perçoivent une rétribution pour la délivrance des passe-ports pour l'autre rive. Veuillez, citoyens, me faire connoître les coupables et m'indiquer les plaignans, pour me mettre à même de sévir contre les uns et rendre justice aux autres : il est nécessaire que je sache d'une manière précise les faits. En attendant je donnerai des ordres positifs pour mettre un frein aux plaintes et empêcher qu'elles ne se récidivent.

Salut et considération.

Signé THÜRING.

N.° 10.

Au quartier-général à Mutterstadt, le 21 Floréal, l'an 8 de la République françoise.

D'ARCY, chef de bataillon, au général de brigade Thüring, commandant les avant-postes sur la ligne du Rhin.

GÉNÉRAL,

J'ai l'honneur de vous rendre compte que le chef de bataillon Delnore a fait arrêter et constituer prisonniers les deux sergens d'artillerie qui étoient avec les pièces de la colonne qu'il commandoit, pour avoir voulu transiger avec des paysans pour les laisser retourner chez eux avec leurs chevaux, sous condition qu'ils payeroient chacun six francs auxdits sergens. Comme ces sortes de vexations ne font que nous attirer des ennemis et une mauvaise réputation, et qu'elles nuisent d'ailleurs au service, j'ai dit au citoyen Delnore de garder ces deux sous-officiers prisonniers à Maudach jusqu'à votre retour.

Les deuxième et cinquième compagnies sont arrivées ici hier soir et ce matin ; je les y retiendrai jusqu'à ce que vous en ordonniez autrement.

Les conducteurs des pièces se plaignent amèrement de n'avoir point de subsistances, ni pour eux, ni pour leurs chevaux.

Il n'y a rien autre chose de nouveau.

J'ai placé un bivouac de douze hommes sur chaque flanc et en avant du village, pour éclairer et couvrir votre quartier-général.

Salut et respect.

Signé D'ARCY.

N.° 10 *bis.*

Spire, 25 Floréal, an 8 de la République françoise, une et indivisible.

Le commissaire du gouvernement près l'administration municipale du canton de Spire, à l'administration centrale du département du Mont-Tonnerre.

Durant tout le temps que je fais les fonctions de commissaire du gouvernement, aucun militaire encore, et d'aucun grade, ne s'est comporté d'une manière plus indigne que le général de brigade Thüring. Sa renommée l'ayant dévancé, j'ai tout fait pour le contenir dans l'ordre, et j'ose me flatter de lui avoir déjoué bien des projets ; aussi les habitans de mon canton n'étoient point, à beaucoup près, maltraités par lui comme ceux des cantons de Mutterstadt, Frankenthal, etc. Mais, ami du général de division Delaborde, et connoissant ses principes et son désintéressement bien placé, j'ai cru devoir lui donner connoissance des faits qui se passent dans le canton de Spire et les environnans ; il en étoit indigné comme il devoit l'être, et il m'a invité de dresser procès-verbal des plus marquans dans mon canton, et de prier mes collégues dans les cantons voisins d'en faire de même ; ce que j'ai rempli. Vous trouverez sous ce pli copie du procès-verbal que j'ai dressé et de la lettre que j'ai écrite à mes collégues de Mutterstadt et Neustadt, desquels cantons des faits sont venus à ma connoissance. C'est aujourd'hui que j'adresse les originaux au général Delaborde.

Salut et respect.

Signé LIST, avec paraphe.

(Les quatre pièces ci-jointes, sous les numéros 11 et 12, montrent quelle étoit l'opinion du général divisionnaire Delaborde, sous les ordres duquel je commandois, sur les inculpations dirigées contre moi.)

N.° 11.

Au quartier-général à Munich, le 19 Frimaire, an 9 de la République françoise, une et indivisible.

DELABORDE, *général de division, au général Thüring.*

Les malheurs que vous éprouvez, général, n'ont aucunement altéré le désir que j'ai de vous voir sortir victorieux de la lutte que vous avez à soutenir contre des hommes dont tout le mérite fut de calomnier. Il est quantité de faits allégués contre vous dont j'ai reconnu la fausseté, et j'ai tout lieu de croire que les camarades chargés de prononcer dans votre affaire, reconnoîtront facilement votre innocence. Je pense qu'il vous sera très-facile d'obtenir justice, car rien n'est plus absurde que les dénonciations de ce *gredin* nommé List et de ses créatures.

N'attribuez pas à la tiédeur le délai que j'ai mis à vous écrire ; vous m'aviez annoncé le terme de votre désagréable procédure, et j'en attendois le résultat : étant bien convaincu de votre innocence, il n'est jamais entré dans mes intentions d'aggraver vos peines par des actes d'indifférence. Je sais les égards que l'on doit à un camarade persécuté par l'intrigue et la calomnie.

Puisse-je avoir bientôt la satisfaction d'apprendre par vous-même la fin de votre procès! j'espère que son issue vous rendra à vos fonctions.

Salut et fraternité.

Signé DELABORDE.

N.° 11 *bis.*

Au quartier-général à Landau, le 28 Prairial, an 8 de la République françoise, une et indivisible.

DELABORDE, *général de division, au général Thüring.*

Je reçois, citoyen général, votre lettre de ce jour et celle de l'agent de Spire; cette dernière me prouve que la dénonciation que le citoyen List m'avoit adressée contre vous, n'avoit aucun fondement, quoique je fusse convaincu d'avance que la haine avoit dicté au citoyen List ses démarches.

J'attends ici le lieutenant-général Sainte-Susanne, et j'aurai soin de lui mettre sous les yeux les actes de vos ennemis. Personne ne desire plus que moi de rendre nulles les persécutions qui sont dirigées contre vous avec autant d'animosité.

Salut fraternel.

Signé DELABORDE.

N.° 11 *ter.*

Au quartier-général à Landau, le 8 Messidor, an 8 de la République françoise, une et indivisible.

DELABORDE, *général de division, au général Thüring.*

J'ai reçu, citoyen général, votre lettre du 7 courant, par laquelle vous me prevenez qu'attendu l'altération de votre santé, vous présumez ne pouvoir vous rendre à votre nouvelle destination avant le 18 de ce mois.

En réponse à la vôtre, je puis vous dire que j'ignore les motifs qui ont déterminé votre déplacement; et il suffit que vous éprouviez des désagrémens pour que je m'empresse d'en adoucir l'amertume, parce que j'ai la certitude que les plaintes qui avoient été dirigées contre vous, et qui m'ont été adressées tant par le commissaire List que par d'autres particuliers, étoient absolument dictées par la haine et le mensonge. Il vous sera aisé, sans doute, de tirer le général en chef de l'erreur où il est sur votre compte, et je le désire bien sincèrement.

Salut fraternel.

Signé DELABORDE.

N.° 12.

Au quartier-général à Bruchsal, le 13 Vendémiaire, an 9 de la République françoise, une et indivisible.

DELABORDE, *général de division, au citoyen Deschamps, chef de bataillon.*

Il me seroit très-difficile, citoyen, de vous adresser les procès-verbaux dont il est question dans votre lettre du 9 de ce mois; je n'ai jamais reçu de pièces semblables de la part des commissaires des cantons de *Frankenthal* et Mutterstadt.

Je me rappelle que le citoyen List, ex-commissaire près le canton de Spire, m'a envoyé un écrit dirigé contre le général Thüring; le fiel qui régnoit dans cet écrit, et l'invraisemblance des faits, m'imposèrent le devoir de le faire parvenir au général Thüring, le 30 Floréal dernier: je l'invitai à me donner des renseignemens sur son contenu; il me les communiqua effectivement, et il me fut facile de me convaincre que la haine qui régnoit entre le général Thüring et l'ex-commissaire List, avoit produit cet injurieux écrit.

Pour vous mettre au courant des ordres donnés pour l'évacuation du magasin de Neustadt sur Landau, à une époque où des raisons militaires nécessitoient cette mesure, je joins ici copie conforme des ordres que l'adjudant-commandant Cros, mon chef d'état-major, donna à cet effet au citoyen Commin, commissaire des guerres.

Salut et fraternité.

Signé DELABORDE.

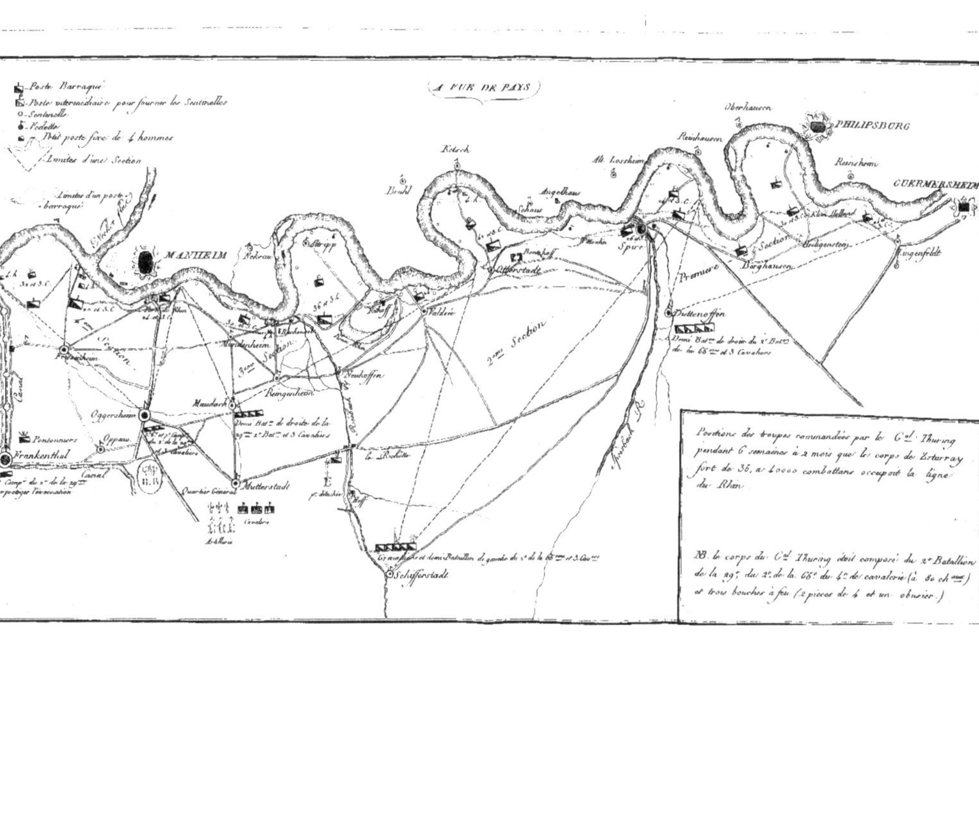
A VUE DE PAYS
Poste Barraqué
Poste intermédiaire pour fournir les Sentinelles
Sentinelle
Vedette
Petit poste fixe de 4 hommes
Limites d'une Section
Limites d'un poste barraqué
MANHEIM
PHILIPSBURG
GUERMERSHEIM
Oberhausen
Rheinhausen
Alt. Lossheim
Reinsheim
Ketsch
Bruhl
Spire
Otterstadt
Waldsée
Neuhoffen
Duttenoffen
Premiere Section
2ème Section
Berghausen
Frankenthal
Oggersheim
Oppau
Maudach
Mutterstadt
Quartier Général
Schifferstadt
Canal
Pontonniers
Cavaliers
Artillerie
Demi Batn. de droite du 2e Batn. de la 65ème et 3 Cavaliers
Positions des troupes commandées par le Gal. Thuring pendant 6 semaines à 2 mois que le corps de Starray fort de 35, a 40000 combattans occupoit la ligne du Rhin
NB. le corps du Gal. Thuring étoit composé du 2e Batallion de la 29e, du 2e de la 65e du 4e de cavalerie (à 80 chevaux) et trois bouches à feu (2 pieces de 4 et un obusier.)

ARMÉE
DU RHIN.

5.e DIVISION
MILITAIRE.

JUGEMENT

Rendu par le Conseil de guerre supérieur, créé en exécution de la loi du 4 Fructidor an 5.

AU NOM DU PEUPLE FRANÇOIS:

CEJOURD'HUI premier Ventôse, an neuf de la République françoise une et indivisible, le Conseil de guerre supérieur de la 5.e Division militaire, créé en vertu de la loi du 4 Fructidor an 5, composé des citoyens NICOLAS-ERNAUT DESBRULYS, général de brigade, président; PIERRE-JOSEPH AMEY, général de brigade; JACQUES-DENIS BOIVIN, aussi général de brigade; JOSEPH-NICOLAS LENGLÈS, chef de brigade d'artillerie; HYPOLITE GABEAU, chef de bataillon à la 65.e demi-brigade; ALEXANDRE-CHARLES-MARIE PASCOT, capitaine à la 65.e demi-brigade; et PIERRE LEHAUT, capitaine au 5.e régiment d'artillerie à pied; les trois premiers nommés par le général en chef de l'armee du Rhin, et les quatre derniers par le général commandant la 5.e division militaire; le citoyen JEAN-BAPTISTE DESCHAMPS, chef de bataillon à la

29.e demi-brigade de ligne, faisant les fonctions de rapporteur; et le citoyen JUSTIN-LAURENT MARTELLIÈRE, commissaire-ordonnateur, faisant celles de commissaire du gouvernement, également d'après la nomination du général commandant la 5.e division militaire, et en vertu des ordres du général en chef de l'armée du Rhin, assisté du citoyen THOMAS-ADRIEN COSTARD, greffier nommé par le rapporteur, lesquels, aux termes des articles 7 et 8 de la loi du 13 Brumaire an 5, ne sont parens ou alliés ni entre eux; ni du prévenu, au dégré prohibé par la constitution :

Le Conseil, convoqué par l'ordre du général de division LEVAL, commandant cette division, s'est réuni à Strasbourg, maison Darmstadt, rue Brûlée, n.° 5, lieu désigné par le général de division susdit, pour y tenir ses séances, à l'effet de juger le nommé HENRI-JOSEPH THÜRING, général de brigade, employé à l'armée du Rhin, fils de Joseph et de Marie-Antoinette De Ris, natif de Landrecie, âgé de trente-quatre ans, enfant de troupe du régiment Suisse d'Eptingen, taille d'un mètre, sept cent soixante-cinq millimètres, cheveux et sourcils châtains, yeux gris, visage et menton rond, bouche petite, nez ordinaire : accusé 1.°, d'avoir frappé sous différens prétextes des réquisitions en voitures et chevaux, de les avoir rendus à ceux des propriétaires qui se rachetoient à prix d'argent, et d'avoir conservé les autres sans nécessité;

2.° D'avoir parcouru différentes communes du département du Mont-Tonnerre avec la force armée, exigé d'icelles de fortes sommes d'argent, et surchargé de troupes celles qui ne se rachetoient pas;

3.° De s'être fait payer depuis trois jusqu'à douze francs pour la délivrance illicite de passe-ports aux habitans des environs de Spire et Franckenthal, pour aller outre Rhin, et d'avoir à cet effet établi un bureau de perception à son profit dans la commune de Mundenheim ;

4.° D'avoir, lorsqu'il commandoit à Mayence, donné la permission immorale de tenir des maisons de jeux de hasard, moyennant une rétribution de sept cents francs par mois :

La séance ayant été ouverte, le président a fait apporter par le greffier et déposer devant lui sur le bureau un exemplaire de la loi du 13 Brumaire et de celle du 4 Fructidor an 5, et a demandé ensuite au rapporteur la lecture du procès-verbal d'information et de toutes les pièces, tant à charge qu'à décharge envers l'accusé, au nombre de deux cent trente-sept.

Cette lecture terminée, le président a ordonné à la garde d'amener l'accusé, lequel a été introduit, libre et sans fers, accompagné de son défenseur officieux.

Interrogé de ses nom, prénoms, âge, profession, lieu de naissance et domicile ;

A répondu se nommer et être Henri-Joseph Thüring, natif de Landrecie, fils de Joseph et de Marie-Antoinette De Ris, âgé de trente-quatre ans, enfant de troupe au régiment Suisse d'Eptingen, présentement général de brigade, employé à l'armée du Rhin.

Après avoir donné connoissance à l'accusé des faits à sa charge, lui avoir fait prêter interrogatoire par l'organe du président ;

Ouï le rapporteur dans son rapport et ses conclusions, et l'accusé dans ses moyens de défense, tant par lui que par son défenseur officieux, lesquels ont déclaré l'un et l'autre n'avoir rien à ajouter à leurs moyens, le président a demandé aux membres du conseil s'ils avoient des observations à faire. Sur leur réponse négative, et avant d'aller aux opinions, il a ordonné au défenseur et à l'accusé de se retirer; l'accusé a été reconduit par son escorte; le rapporteur, le greffier et les citoyens assistant dans l'auditoire, se sont retirés sur l'invitation du président.

Le Conseil délibérant à huis clos, seulement en présence du commissaire du gouvernement, le président a posé les questions ainsi qu'il suit:

1.° Le nommé Henri-Joseph Thüring, qualifié ci-dessus, accusé d'avoir, lorsqu'il commandoit la rive gauche du Rhin dans les nouveaux départemens, frappé, sous différens prétextes, des réquisitions en voitures et chevaux, qu'il rendoit à ceux des propriétaires qui se rachetoient à prix d'argent, et d'avoir conservé les autres sans nécessité; est-il coupable?

Les voix recueillies, en commençant par le grade inférieur, le président ayant émis son opinion le dernier; le Conseil de guerre supérieur déclare à l'unanimité que le nommé Henri-Joseph Thüring n'est pas coupable.

2.° Le nommé Henri-Joseph Thüring, qualifié ci-dessus, accusé d'avoir parcouru les communes des nouveaux départemens de la rive gauche du Rhin avec la force armée; exigé d'icelles de fortes sommes d'argent, et surchargé de troupes celles qui ne se rachetoient pas; est-il coupable?

Les voix recueillies comme ci-dessus, le Conseil déclare à l'unanimité que le nommé Henri-Joseph Thüring n'est pas coupable.

3.° Le nommé Henri-Joseph Thüring, qualifié ci-dessus, accusé de s'être fait payer depuis trois jusqu'à douze francs pour la délivrance illicite de passe-ports aux habitans des environs de Spire et Franckenthal pour aller outre Rhin, et d'avoir, à cet effet, établi un bureau de perception à son profit dans la commune de Mundenheim; est-il coupable?

Les voix recueillies comme il a déjà été dit, le Conseil déclare à l'unanimité que le nommé Henri-Joseph Thüring n'est pas coupable.

4.° Le nommé Henri-Joseph Thüring, ci-dessus qualifié, accusé d'avoir, lorsqu'il commandoit à Mayence, donné la permission immorale de tenir des maisons de jeux de hasard, moyennant une rétribution de sept cents francs par mois; est-il coupable ?

Les voix recueillies, comme il est dit plus haut, le Conseil déclare à l'unanimité que le nommé Henri-Joseph Thüring n'est pas coupable.

Sur quoi le commissaire du gouvernement ayant été entendu, les voix recueillies de nouveau par le président dans la forme indiquée ci-dessus, le Conseil de guerre supérieur déclare à l'unanimité, que Henri-Joseph Thüring, général de brigade, est acquitté des accusations dirigées contre lui, conformément aux articles 31 et 37 de la loi du 13 Brumaire ainsi conçus; art. 31. „ Dans le cas où trois membres du conseil „ déclareroient que l'accusé n'est pas coupable, il sera mis „ sur-le-champ en liberté et rendu à ses fonctions. „

Art. 37. „ Dans le cas prévu par l'article 31 ci-dessus, le „ procès-verbal sera terminé par le renvoi ou la décharge „ d'accusation et la mise en liberté du prévenu, clos et signé „ comme il vient d'être lu. „

Ordonne qu'il sera de suite mis en liberté et rendu à ses fonctions. Ordonne en outre l'impression du jugement au nombre de cinq cents exemplaires, et qu'expédition du présent jugement sera transmise, tant au ministre de la guerre, qu'au général en chef de l'armée du Rhin, à la diligence du président; charge le rapporteur d'en donner de suite lecture au prévenu acquitté, en présence de la garde assemblée sous les armes.

Fait, clos et jugé sans désemparer, en séance publique à Strasbourg, les jour, mois et an que dessus; et les membres du Conseil ont signé avec le rapporteur et le greffier la minute du jugement.

Signé : Lehaut, capitaine; Pascot, capitaine; Gabeau, chef de bataillon; Lenglès, chef de brigade; Boivin, général de brigade; Amey, général de brigade; et Desbrulys, général de brigade; Président; Martellière, Commissaire du gouvernement; Deschamps, Rapporteur; Costard, Greffier.

Je soussigné chef de bataillon, rapporteur, assisté du greffier, certifie avoir donné de suite lecture du présent jugement au général de brigade Thüring, acquitté, en présence de la garde assemblée sous les armes, et ce en conformité de l'article 38 de la loi du 13 Brumaire an 5; de quoi j'ai dressé le présent procès-verbal, que j'ai signé avec le greffier.

Strasbourg, les jour, mois et an que dessus.

Signé Deschamps, Rapporteur;
Costard, Greffier.

STRASBOURG, de l'imprimerie de Levrault, imprimeur-libraire.

Fautes à corriger.

Page 12, *ligne* 29, l'armée du Rhin; *lisez :* l'armée du Nord.
— 17, — 32, je les remerciai et les quittai; *lisez :* je la remerciai et la quittai.
— 25, — 18, par Angelhaus et Alt-Lossheim; *lisez :* par Angelhaus à Alt-Lossheim.
— 43, — 23, jamais on a; *lisez :* jamais on n'a.

www.ingramcontent.com/pod-product-compliance
Ingram Content Group UK Ltd.
Pitfield, Milton Keynes, MK11 3LW, UK
UKHW021223230726
13926UKWH00003B/1193

9 782014 079760